오십의 마음 사전

인생 후반기를 찬란하게 열어 줄 31가지 낱말들

오십의 마음 사전

강현숙 · 차봉숙 지음

자신

유연하다

탓

돌보다

화해

이해

이 말들을
십 년만 더
일찍 알았더라면…

　매일 나갈 데가 있고 만날 사람이 있던 직장을 그만두기로 했을 때, 저는 겨우 쉰두 살 즈음이었습니다. 부모나 상사들의 기대를 충족시키는 것으로 존재 가치를 증명하려던 시간을 마감하고, 이제는 삶의 당당한 주인으로 우뚝 설 줄 알았습니다.

　하지만 좋은 시간은 짧고, 이내 삶은 허망해졌습니다. 혼자 다른 세상에 남겨진 것처럼 외롭기 그지없었습니다. 오십이 되면 하늘의 뜻을 알고 중심을 잡을 수 있다고 했던가요? 천만에! 저는 오십이 넘어서도 여전히 비틀거리고 있었습니다. 오히려 이전보다 더한 불안과 고독에 이리저리 흔들렸지요.

　그로부터 10년이 지나 이 책을 읽으며 '아! 내 마음이 그래서 그랬구나. 그때 이 책이 내 곁에 있었더라면 얼마나 좋았을까!'

하고 반가움과 동시에 깊은 안타까움을 느꼈습니다. 왜 흔들리는지, 왜 허무한지, 왜 힘이 들기만 하는지, 인생의 여러 어려움과 맞닥뜨린 오십은 과연 무엇을 해야 하는지 차근차근 이야기하고 있었기 때문입니다.

저자들은 이 책을 통해 이 시대의 오십들에게 다음과 같은 마음공부를 권합니다.

· 오십을 맞이하여 삶의 가장 큰 과제인 '나' 제대로 아는 법
· 단단한 오십을 위해 '탓' 대신 '덕'이라고 생각하는 법
· '성장'하려는 마음가짐으로 관계에 깊이를 더하고 키우는 법
· 오십을 솔직하게 만들어 줄 '감정' 다루는 법
· 속박에서 벗어나 '자유'롭고 오롯한 나로 서는 법
· 이 모든 단계를 거쳐 '완생(完生)'하는 오십이 되는 법

다양한 사례가 덧붙여 있어 공감하며 읽다 보니, '그래, 나만 그런 게 아니었어' 하고 안도하게 되었습니다. 비로소 혼자 남겨졌던 다른 세상에서 벗어난 듯했습니다.

'어쩌면 이렇게 내 마음을 속속들이 알고 있지?' 하는 수치심은 금세 지나갔습니다. 나인 양 쓰고 다니던 가면이 벗겨지고 내면의 벌거숭이와 마주하자, 속 알맹이를 다 보여 준 것 같은 부끄러움에 얼굴이 화끈거렸습니다. 동시에 어떤 관계는 남과

같지 않아도 잘못이 아니라고, 어떤 상황에서는 남들이 하라는
대로 살지 않아도 상관없다는 말에 위로받았습니다.

  이 책은 처방전을 제시하며 치료하려 들지 않습니다. 인간이
되고 싶었던 곰과 호랑이의 이야기처럼, 동굴에 앉아 스스로를
들여다보게 하고 조용히 들어줍니다. 이런 잔잔한 방법으로 마
음의 상처와 번민을 쓰다듬어 주니, 조금씩 공허의 어두운 그림
자가 물러나기 시작했습니다.

  마지막 페이지를 다 읽어낸 무렵에는 부정적인 감정들에 할
퀴어졌던 마음의 생채기에서 새살이 돋기 시작했습니다. 나답
게 살아갈 용기가 생겼습니다. 그리고 이제는 이런 어두웠던 마
음들조차 내 것으로 인정하고 보듬어야 한다는 것도 압니다.

  이 책을 통해 예순이 넘은 저도 아직 늦지 않았다는 것을 깨
닫습니다. 오십 역시 아직 가야 할 길이 한참 남았습니다. 이제
막 반환점을 돌았으니 다시 한번 기운을 내야 할 때입니다. 잠
시 가던 길을 멈추고 지금 내 몸과 마음이 어떤 상태에 놓였는
지 점검하고 직시해야 목적지까지 지치지 않고 갈 것입니다.

  오십은 새로운 출발을 격려하는 누군가의 응원이 절실한 시
기입니다. 이 책은 그런 이들에게 아낌없는 박수와 뜨거운 응
원, 그리고 당신은 잘 해낼 거라는 격려를 보냅니다.

                                                            강원국

시작하며

흔들리지 않고
단단한 오십이 되는
마법의 말들을 찾아서

"그거 힘들지 않아요?"

심리 상담을 한다고 하면 많은 사람이 이렇게 묻습니다. 사람들의 아픈 속내를 머리로, 마음으로, 또 몸으로 함께하니 힘들 때도 있습니다. 그럼에도 이 일을 계속하는 이유는 그들 하나하나의 모습에서 인생의 이정표를 발견하며 '진짜 잘 사는 삶'이 무엇인지 알아가게 되기 때문입니다.

코로나19로 거리두기 정책이 시행되고 사람과 사람 사이의 만남이 단절되자, 예전보다 더 많은 사람이 아픈 속내를 호소했습니다. 특히 오십 대가 더욱 많았습니다. 남들보다 조금 이르게 은퇴한 후 가정 내에서 설 자리를 잃은 가장은 집안에 고립

되자 평소보다 더 큰 우울감을 느꼈습니다. 자식들이 성인이 되어 하나둘 독립하거나 자신만의 가정을 꾸린 후 자유로운 삶을 꿈꾸던 한 어머니는 보고 싶을 때 마음껏 자식들을 만나지 못하게 되면서 외로움과 허무감에 매일 밤 잠들지 못했습니다.

상담하며 대화를 나눈 수많은 분들 중에서 오십의 이야기들을 모아 보도록 한 계기가 된 분이 있습니다. 무척이나 어색하고 낯설어하며 상담실을 찾았던 오십 대 후반의 상혁 씨입니다. 그 분은 자신을 신랄하게 평가하는 직장 동료 한 명 때문에 은퇴를 몇 년 남기지 않은 지금까지도 무척 괴로워하고 있었습니다. 신경 쓰지 않으려 해도 신경 쓰이고, 화내지 않으려 해도 자꾸 울화가 쌓였다고 합니다. 이렇게 스트레스를 받다 보니 먹고 자는 것까지 힘들어졌다고 말했습니다.

"반백 년을 살았으니까 이제 그런 이야기에 화가 나지 않을 줄 알았거든요. 근데 왜 이 나이가 되도록 아직도 그런 말이 신경 쓰이는 걸까요? 대체 제 마음이 왜 이런지 선생님이 좀 알려주십시오."

무척이나 힘들어 보이는 상혁 씨의 호소를 들으며 마음이 많이 아팠습니다. 나이를 먹을수록 사람은 유해지게 마련이고 그릇도 커지게 마련이라고 합니다. 그런데 우리는 왜 오십이 되었는데도 아직 이런 말들을 웃으며 흘려보낼 수 없는 걸까요?

오십은 다른 말로 '지천명(知天命)'이라고 부릅니다. 인생이 무르익어 하늘의 뜻을 알게 되는 나이라는 말입니다. 그러나 사실 주위를 둘러보면 수많은 오십 대가 세상일에 흔들리지 않는다는 '불혹(不惑)'에조차 이르지 못한 것처럼 보입니다.

"엄마가 꼭 너 같은 딸 낳아 고생해 보라고 했었는데, 그래서 그럴까요? 딸과의 사이가 너무 힘들어요."

"자꾸 자기 자식 자랑하는 친구 때문에 기분도 나쁘고 기도 많이 죽어요. 부족함 없이 키웠는데 내 아들은 왜 그럴까요…."

"왜 아직도 거절하는 말이 그렇게 힘든지 모르겠습니다. 앞에서는 말도 못 하고 뒤에서 불평불만을 말하는 성격을 이제는 바꾸고 싶네요."

"친정 엄마가 치매에 걸리셨어요. 그런데 절 볼 때마다 도둑년이라고 욕을 하세요. 평소에 저를 엄마의 인생을 빼앗아 간 도둑으로 생각하시던 걸까요?"

이렇게 말하는 오십 대들을 만날 때마다 우리가 무엇을 더 알고 행동해야 불혹을 넘어 진짜 지천명으로 나아갈 수 있을지 고민하게 되었습니다. 시간이 흐르며 이런 고민을 하는 분들에게서 어떤 공통점을 발견했습니다. 바로, "내가 왜 그러는지 나도 모르겠다"는 표현을 자주 쓴다는 것이었습니다. 말 그대로, 내 마음을 너도 모르고 나도 모르는 것입니다. 그러면 아무도 아는 사람이 없는 것 같은 내 마음은 대체 누가 알아 줄 수 있을까요?

맘치를 벗어나 오십만의 즐거움을 발견하는 여정

내 마음은 내 몸의 나이만큼 나와 함께 살아왔습니다. 그러면 과연 내 마음은 육체의 나이인 오십만큼 나이를 먹었을까요? 오롯이 함께 나이를 먹었다면 적어도 "내가 왜 그러는지 나도 모르겠다"는 고민은 하지 않아도 될 것 같지요. 불쑥불쑥 제멋 대로 날뛰고, 생각대로 되지 않는 '맘치(마음치의 준말로, 마음을 몸 치에 빗대어 노력을 해도 어설프고 잘 맞지 않는다는 뜻)'가 문제인 것입니다. 그렇다면 마음이 마음먹은 대로 잘되지 않는 이유, 즉 우리 가 왜 맘치가 되었는지 알아야 합니다.

가장 큰 이유는 '마음에 대한 무지함'입니다. 융 분석학자 제 임스 홀리스(James Hollis)는 "자신에 대해서 모르는 모든 것은 사 랑하는 상대에게 무의식적으로 투사된다"고 말했습니다. 미국 의 사상가이자 시인인 헨리 데이비드 소로(Henry David Thoreau) 역시 "눈을 안으로 돌려라. 나라는 우주의 전문가가 되고, 내 안 의 신대륙을 발견하는 콜럼버스가 되어라. 맑은 눈과 군건한 용기로 자신을 탐험하라"고 말했습니다. 자신을 아는 일을 지도에 없는 신대륙을 찾아내는 일에 비유한 것입니다. 나 자신과 내 마음을 깨우치는 일은 어렵지만, 그만큼 값진 평생 과업임을 이르는 말입니다.

때때로 "내 마음이니까 내가 제일 잘 안다!"고 자신하는 분도 만납니다. 너무 잘 안다고 생각해서 더 알려는 시도조차 하지 않지요. 혹은 어둑한 내 안의 모습이 낯설고 두려워 애써 밝은 척하며 외면하는 것일지도 모르겠습니다. 공자는 《논어》'위정편'에서 "아는 것을 안다 하고 모르는 것을 모른다 하는 것, 이것이 곧 아는 것이다"라고 말했습니다. 솔직하게 내 마음을 잘 모르겠다고 인정하는 것부터가 진짜 나를 알아가는 첫 걸음임을 알 수 있습니다.

이 책 안에 내 마음을 알기 위한 여정을 도울 31개의 단어를 고심하여 선정하였습니다. 인생 후반기라는 항해를 시작하며, 이 마법 같은 낱말들이 어떤 방향으로 인생의 키를 돌릴지 아는 데 도움을 줄 것입니다.

첫 번째는 삶의 가장 큰 과제인 마음의 참모습 알기입니다. 나도 모르는 내 마음을 어떻게 알지, 또 어떻게 다루어야 하는지 여러 가지 방법을 제시해 보았습니다.

두 번째는 불안한 삶을 어떻게 달랠 수 있을지 알아보았습니

다. 오십의 인생에 닥쳐오는 여러 위기를 현명하게 이겨 낼 방
법에 대한 힌트를 찾게 되기를 바랍니다.

세 번째로는 오십이라면 인생을 어떤 태도로 맞이해야 하는
지 다루었습니다. 스위스의 철학자 헨리 프레데릭 아미엘(Henri
Frédéric Amiel)은 "늙어가는 법을 안다는 것은 지혜의 걸작으로,
위대한 삶의 예술 가운데서도 가장 어려운 장에 속한다"고 말했
습니다. 어떻게 내 인생을 걸작으로 만들어 갈 수 있을지 함께
탐험해 보면 좋겠습니다.

네 번째는 오십의 욕구를 다루었습니다. 오십이 중년이라고
하여 욕구가 일시에 싹 사라지는 것은 아니지요. 내 마음이 원
하는 것은 무엇인지, 친구가, 아내가, 남편이, 부모님이, 자식이
원하는 것은 무엇인지 살피고 꺼내고 이해하고 표현하는 법을
알아봅니다.

다섯 번째는 오십의 결심을 이야기합니다. 부모와 자식 사이
에 끼어 두 세대를 모두 지탱하고 보살펴야 하는 '긴 세대'는 어
떤 믿음을 가지고 인생을 살아야 하는지 고민해 보았습니다.

마지막으로는 오십의 균형 잡기입니다. 남들의 시선이 아니
라 스스로 보기에 썩 괜찮은 인생이란 무엇인지 살펴보며, 인생
후반기를 어떻게 살아낼 것인지 생각해 봅니다.

백 세 시대임을 감안한다면, 오십 대는 아직 인생을 딱 반밖

에 살지 않은 청년기나 다름없습니다. 청년이기에 여전히 불균형으로 삐걱대며, 힘든 일도 많고, 흔들리며 사는 게 어쩌면 당연합니다. 분명 오십 대에게 들려주고 싶은 이야기를 썼는데, 다 쓰고 보니 이처럼 우리가 누군가에게 듣고 싶었던 이야기로 탄생한 이유도 여기에 있을 것 같습니다.

오십은 인생 후반기의 '시작'이지요. 그렇다면 이미 지나간 청년기와는 달리, 오십 이후의 청년기는 천천히 걸으며 내 감정도 살피고, 때로는 딴청도 피우면서 느긋하게 살면 좋겠습니다. 그동안 내 뜻과 다른 삶을 살았다면 앞으로는 이리저리 내 마음대로 뒤집으면서도 살아 보아야겠지요.

오십 즈음은 지난 인생을 잘 정리하고 앞으로 맞이할 또 다른 오십 인생을 위한 마음공부의 적기입니다. 이 성장 길 위에서 숨 한번 고르며 스스로를 보듬고, 나를 조금 더 알고 이해하고 싶은 마음으로 이 책을 읽으면 좋겠습니다. 그리하여 마침내 흔들리지 않는 오십, 허무하지 않은 오십의 인생을 찾게 되기를 진심으로 바랍니다.

강현숙 · 차봉숙

1장.

삶의 가장 큰
과제에 대하여

오십의 **심리** _____

2장.

불안이 삶을 자극할 때
기억할 것들

오십의 **위기** _____

3장.

내일도 성장하려는
마음가짐으로

오십의 **태도** _____

4장.

감정에도
문해력이 필요하다

오십의 **욕구**

5장.

속박에서
해방되겠다는 결심

오십의 **믿음**

6장.

이 정도면
괜찮은 삶에 대하여

오십의 **균형 잡기** _____

삶의
가장 큰
과제에
대하여

오십의 **심리**

○ 오십을 맞이하는 단어들

자신

[자신] 명사.
그 사람의 몸 또는
바로 그 사람을 이르는 말.

돌보다

[돌: 보다] 동사.
관심을 가지고 보살피다.

화해

[화해] 명사.
싸움을 멈추고 서로 가지고 있던
안 좋은 감정을 풀어 없앰.

유연하다

[유연하다] 형용사.
부드럽고 연하다.

자신

오늘부터 시작하는
마음공부

오십이 되면, 오십이라면…. 요즘 '오십'이 되면 해야 한다는 것들이 참 많습니다. 특히 오십이 되면 속마음을 잘 들여다보라는 말을 가장 많이 듣는 듯합니다. 인생 후반기를 잘 살기 위해서는 겉모습과 신체 건강도 챙겨야 하지만, 무엇보다 속마음과 정신의 건강이 중요하다고 말입니다.

왜 오십에는 자기의 마음을 들여다보아야 할까요? 내면에 대체 무엇이 있기에? 정신 건강의 지표가 되는 '자기인식'은 개인의 외적 조건을 아는 것보다 스스로의 마음을 아는 데 더 큰 비중을 둡니다. 마음은 한 사람의 생각과 욕구, 감정, 행동의 동기를 다 품고 있습니다. 그래서 자신의 마음을 올바로 알아야 나의 '속사람'을 제대로 그릴 수 있습니다.

오십은 마음공부의 적기다

내 마음은 살아온 만큼 내 몸과 함께했습니다. 그럼에도 내 마음을 잘 안다고 자신하는 사람은 좀처럼 찾기 어렵습니다. 이제껏 50년 넘게 살았음에도 불쑥불쑥 제멋대로 날뛰고, 생각대로 되지 않을 때가 더 많지요. 몸치만 문제인 줄 알았는데 '맘치' 또한 문제인 것입니다.

마음이 마음먹은 대로 잘되지 않는 이유는 '마음에 대한 무지함' 때문입니다. 마음에게도 나름의 작동 원리와 운동 속도, 고유한 색깔과 무늬가 있는데 많은 사람이 그 사실을 잘 모릅니다. 마음을 모르는 채 살아도 아무 문제가 없다면 괜찮습니다. 하지만 내 마음을 몰라서 자초한 상황은 스스로를 괴롭힐 뿐만 아니라 때때로 다른 사람에게까지 피해를 입힙니다.

융 심리학자 제임스 홀리스(James Hollis)는 "자신에 대해서 모르는 모든 것은 사랑하는 상대에게 무의식적으로 투사된다"고 했습니다. 내가 내 마음을 모르는 만큼 가까운 사람들이 힘들어진다는 말입니다.

"법을 몰랐다는 말은 변명이 되지 않는다(Ignorance of the law is no excuse)"는 말도 있습니다. 교통 법규를 어기고 나서 법을 몰랐다고 변명한들 벌금을 깎아 주지는 않지요. 몰랐다는 변명은 사

법 영역뿐만 아니라 마음의 영역에서도 통하지 않을 때가 많습니다.

다른 사람에게 상처를 주고 나서 "나도 내 마음을 몰라서 그랬어" 하고 변명하면 용서받을 수 있을까요? 반백이 넘은 나이에 "나도 내 마음을 몰라서…"라는 변명은 무책임할 뿐만 아니라 궁색해 보이기까지 합니다.

이런 이유들로 나이가 들수록 내 마음을 알기 위한 마음공부가 필요합니다. 자기마음을 온전히 다 알기란 불가능하지만, 아는 만큼 삶의 힘듦을 덜어 낼 수 있다는 사실은 부정할 수 없으니까요. 오십 즈음은 지난 인생을 잘 정리하고 앞으로 맞이할 인생을 위한 마음공부의 적기입니다.

'너 자신을 알라'에 담긴 진짜 뜻

미국의 사상가이자 시인인 헨리 데이비드 소로(Henry David Thoreau)는 "눈을 안으로 돌려라. 나라는 우주의 전문가가 되고, 내 안의 신대륙을 발견하는 콜럼버스가 되어라. 맑은 눈과 굳건한 용기로 자신을 탐험하라"고 말했습니다. 자신을 아는 일을 지도에 없는 신대륙을 찾아내는 일에 비유한 것입니다. 나 자신과 내 마음을 깨우치는 일은 어렵지만, 그만큼 값진 평생 과업임을 이르는 말입니다.

마음은 눈에 보이지 않습니다. 그래서 남의 마음은커녕 내 마음을 아는 일조차 정말 어렵습니다. 어떤 사람은 마음이 뇌의 작용이라고 하지만, 또 어떤 사람은 가슴에 담겨 있다고 생각해 하트 모양으로 표현하기도 합니다. 그렇지만 세상의 그 누구도 마음의 실체를 눈으로 볼 수는 없습니다.

그리스 델포이 신전 기둥에는 '너 자신을 알라'는 매우 유명한 문장이 새겨져 있었습니다. 이 문장 안에 '너 자신이 네 마음도 모른다는 사실을 알라. 모른다는 사실을 깨달았다면 네 마음을 알기 위해 힘써라'라는 뜻도 포함되어 있지 않을까요?

보이지 않는 마음이 궁금해 인터넷에서 심리 검사나 성격 검사를 해 보는 사람도 있습니다. 이런 검사는 가끔 도움이 되기도 합니다. 잠시의 재밋거리도 되지요. 그러나 해안가 모래알처럼 다양한 사람의 성격을 고작 몇 가지 유형에 끼워 맞추는 게 정말 가능할까요? 오히려 제시된 틀에 자신을 맞추느라 진정한 나를 알아보지 못할 수도 있습니다.

수년 전, 미국의 몇몇 기업이 성격 검사의 일종인 MBTI를 인사 관리에 활용했습니다. 이때 심리학계에서는 MBTI의 사용을 자제하라고 권고했습니다. 이 사례를 눈여겨볼 필요가 있습니다.

심리 검사나 성격 검사, MBTI도 아니라면 나를 제대로 알기 위해서 무엇을 해야 할까요?

나를 알기 위한 수업료

연대 연륜학이라는 학문이 있습니다. 나무의 나이테를 통해 그해 강수량 등 주변 지역 기후의 역사를 알아보는 학문입니다. 사람에게도 나무처럼 해마다, 아니 지금 이 순간에도 변화하는 모습이 쌓이는 고유의 마음테가 있습니다.

내 마음을 들여다보는 첫 단계는 언제, 어느 순간이든 새로운 무늬를 그리며 변화하는 유기체로서의 나를 인식하는 것입니다. 시시각각 바뀌는 마음이 변덕스럽다고 탓할 필요는 없습니다. 마음이 이리저리 흔들리고 출렁대는 것은 내가 지속적으로 변화하는 생명체라는 증거니까요.

세상에서 나만큼 나를 잘 아는 사람은 없습니다. 때로는 너무 잘 안다고 생각해서 더 알려고 하지 않습니다. 이 상황을 땅속 줄기 캐기에 비유해 볼 수 있습니다. 처음 파낸 줄기에 붙은 감자가 썩었다고 가정해 봅시다. 나를 알려하지 않는 행동은 그 뒤로 나올 알맹이도 썩었을까 봐 두려워하며 그냥 땅속에 두는 것과 같은 행동입니다. '내 마음 알기'를 시도했다가 지레 겁먹고 포기하는 것입니다.

매번 이렇게 도망만 치다 보면 가장 밑바닥에 붙어 있을지도 모를 튼실한 알맹이와 만날 기회를 영영 잃게 됩니다. 보고 싶은 부분만 보려고 든다면 내 '속사람'의 온전한 모습을 평생 모를 수도 있다는 뜻입니다.

나이테를 보려면 나무를 베어야 합니다. 마찬가지로 밑동을 잘라 내는 아픔을 감내해야 나만의 역사가 담긴 마음테를 만날 수 있습니다. 잘린 단면에 드러난 마음테를 들여다보는 것은 과거와 현재의 내 마음이 마주하는 일입니다.

어느덧 50개 이상 새겨진 마음테에는 수많은 정보가 담겨 있습니다. 신나고 힘찬 에너지의 흔적도 있지만, 수치스럽고 혐오스러운 모습도 남아 외면하고 싶을 수도 있겠지요.

나를 알기 위한 첫걸음인 '내 마음과 마주하기'는 때로 매우 고통스럽습니다. 그러나 남에게 피해 주지 않고 자기 자신과도 잘 지내려면 설령 고통스러운 순간이 이어지더라도 내 마음과 마주하는 자기탐색의 시간을 늘려야 합니다. 그 시간의 힘듦은 나를 알고 배우기 위해 치르는 수업료입니다.

단군 신화 속 곰은 인간이 되고 싶어 100일 동안 동굴에서 견딥니다. 자신의 마음테를 들여다보는 자기탐색의 시간도 자기만의 깊은 동굴에서 이루어집니다. 그곳은 혼자이되, 또 다른 나와 마주하는 공간이기에 고독하지만 외롭지는 않습니다.

스스로와 친숙해지기 위한 나만의 동굴은 사람마다 다릅니다. 산책길 빈 의자나 박물관 휴게실 또는 카페 한구석, 심지어 거실 TV 앞일 수도 있습니다. 중요한 점은 온전히 내 마음과 마주 앉은, 나 혼자만의 공간이어야 한다는 점입니다.

나만의 나무를 새롭게 심을 때

자기탐색의 시간이 끝나고 나만의 동굴에서 나오면 다른 사람들과 함께하는 사회 공간이 열립니다. 이 공간에서 할 일은 단 하나, 다른 사람의 눈동자를 응시하는 것입니다. 여기서 말하는 응시는 힐끗 보는 게 아니라 주의를 모아 똑바로 바라보는 것입니다. 마치 갓난아기가 젖을 빨며 엄마의 눈을 뚫어지게 바라보는 것처럼 말입니다.

왜 나를 알려고 하는데 다른 사람의 눈동자를 응시해야 할까요? 아기는 자신을 보살펴 주는 이의 눈동자 거울을 통해 사랑을 느끼고 자기 모습을 알아 갑니다. 어른도 마찬가지입니다. 만약 죽도록 미운 사람이 생겨 그의 눈동자를 한참 흘겨보다 보면 그 안에 밉고 못난 내가 보입니다. 누군가의 눈동자를 안쓰러운 마음으로 그윽하게 바라보다 보면 살포시 안아 주고 싶은 내 모습이 비칩니다. 미운 사람이든 안쓰러운 사람이든 모두 다른 사람을 통해 나 자신을 깨달아 가는 과정입니다. 누구도 자기 자신의 눈동자를 볼 수 없다는 사실을 생각해 보면, 본래 눈이란 상대방의 눈동자를 보라고 있는 것일지도 모르겠습니다.

인생의 절반을 앞만 보고 달리다 갑자기 멈추면 문득 스스로가 낯설게 여겨질 때가 있습니다. 사람은 자신이 어떤 사람인지 잘 모를 때, 어떤 마음으로 무엇을 해야 할지 모를 때 가장 우울해집니다. 역할과 자기 자신을 동일시한 사람일수록 더욱 그렇습니다. 예를 들어, 자녀의 대학 입시 뒷바라지에 가진 모든 것을 다 쏟아부은 부모는 자식의 대학 기숙사에 짐을 옮겨 주고 오는 길에 허망해집니다. 이런 까닭에 오십 즈음의 역할 상실은 자기상실로 이어지기 쉽습니다.

자기상실감은 스스로를 소외시키고, 정체성을 혼미하게 만듭니다. 자기로부터 소외당한 사람은 '나'라는 주체가 없어지므로 다른 사람들과 접촉할 수도 없습니다. 그래서 두문불출하며 고립을 자초합니다. 스스로 우울의 방 속에 들어앉아 문을 잠가 버리면 빠져나오기 쉽지 않습니다.

우울의 방 대신 나만의 동굴에 들어가 봅시다. 그 동굴에서 스스로를 만나고, 그 후에는 세상 속 광장으로 나와야 합니다. 광장에 있는 다른 사람들과 마주하면서 그들의 눈동자를 응시하고 그 풍경을 통해 나를 알아 가야 합니다. 나만의 동굴에 들어갔다 광장으로 나오기를 반복하면서 내 마음과 마주하고 다른 사람의 눈동자를 응시해 보십시오. 이를 되풀이하다 보면 누구보다 내 마음테를 잘 해석할 수 있다는 믿음과 자신감이 생길 겁니다.

　나라는 사람이 어떤 사람인지 제대로 이해하고 어떻게 살고 싶은지 깨우쳤다면, 이제 남은 인생에서 키워 나갈 한 그루의 나무를 새롭게 심을 때입니다.

돌봄

내 안의
어린아이를 찾아서

우리는 몸으로 많은 것을 합니다. 어떤 상황에서는 팔을 쓰고, 어떤 상황에서는 눈으로 보고, 어떤 상황에서는 다리를 움직이지요. 마음을 조금씩 알아 가다 보면, 몸과 마찬가지로 마음도 여러 부분으로 이루어진 걸 알게 됩니다. 어떤 때는 이런 마음이, 또 어떤 때는 저런 마음이 각각 활동하니까 말입니다. 우리의 마음이 여럿인 까닭은 여기에 있지 않을까요?

불쑥불쑥 튀어나오는 마음의 여러 모습에는 내 나이만큼 자라지 못한 모습도 있습니다. 이런 모습을 심리학에서는 '내면아이'라고 합니다. 내면아이는 한 명일 수도 있고, 사람에 따라서는 여럿일 수도 있습니다. 연령대도 다양하지요. 인형 안에서 계속 새로운 인형이 나오는 러시아의 마트료시카 인형

(Matryoshka doll)처럼, 내면아이는 서로 다른 크기로 겹겹이 들어차 있습니다.

내면아이의 원형을 두고 스위스의 정신과 의사이자 분석심리학의 창시자인 칼 구스타프 융(Carl Gustav Jung)은 신성한 아이(the divined child)라고 불렀고, 아일랜드의 영적 지도자인 에밋 폭스(Emmet Fox)는 경이로운 아이(the wonder child)라고 불렀습니다. 두 사람 다 내면아이를 긍정적으로 바라본 것이지요.

그렇지만 여기서는 내면아이를 성인의 마음에 자리 잡은 잃어버린 자아, 상처받아 성장을 거부한 아이, 치유가 필요한 아이의 개념으로 살펴보려 합니다. 지금부터 이야기할 내면아이들은 성장에 필요한 무언가가 채워지지 않아 제대로 크지 못한 '결핍 덩어리'입니다.

이 내면아이는 늘 의기소침할 뿐만 아니라 불만에 가득 차 있습니다. 친구를 시샘하고, 어린 자녀와 싸우고, 배우자의 말 한마디에 쉽게 노여워합니다. 의존하는 사람이 눈앞에 보이지 않으면 분리 불안에 떨기도 하지요.

내면아이들은 재양육이 필요합니다. 성장이 멈춘 시점으로 돌아가 정서적으로 보듬고, 당시에 필요로 하던 것들을 채우는 일입니다. 결핍을 채우는 과정을 지켜보며 응원하는 양육자의 존재도 확인시킴으로써 스스로 자라도록 돕는 것이지요.

양팔과 양다리의 길이가 같아야 제대로 움직일 수 있듯이, 내
안에 못 다 자란 부분들이 고르게 잘 자라나야 마음도 나이에
걸맞게 기능합니다. 내면아이는 그간 함부로 취급당하거나 무
시당해 왔기에 무엇보다 먼저 충분히 존중받아야 합니다. 이제
부터 내면아이, 즉 나의 못 다 자란 어린 부분을 '어린 분'이라고
정중하게 부르겠습니다.

어린 분과 만나는 시간

오십 대 중반인 영희 씨는 지난해 생일에 자신의 어린 분을
초대했습니다. 방바닥을 따뜻하게 데우고, 정갈하게 생일상도
차렸습니다. 여덟 살이 되도록 생일 케이크 한 번 받아보지 못
한 어린 분을 위해 예쁜 케이크도 준비했습니다.

쭈뼛쭈뼛 상머리에 앉은 어린 분은 늘 그렇듯 동네 언니에게
물려받은 낡은 옷을 입고 있습니다. 밥술을 뜨려던 어린 분의
시선 끝에 방 안 장식장에 진열된 머리핀들이 닿습니다.

영희 씨에게는 값비싼 머리핀을 사 모으는 취미가 있습니다.
나이 들고 탈모가 생기면서 머리숱도 많이 줄었지만, 며칠 전에
도 반짝이 머리핀을 하나 샀습니다. 제발 그만 사라는 식구들의
핀잔에도 아랑곳 않는 수집광 수준이지요. 어린 분을 따라 물끄

러미 진열된 머리핀들을 보던 영희 씨의 눈앞에 과거의 한 장면
이 펼쳐집니다.

국민학교 입학식 날입니다. 배정받은 교실로 들어서던 순간
영희 씨가 입고 있던 옷의 전 주인인 동네 언니가 달려왔습니
다. 영희 씨의 옷 주머니를 마구 뒤지더니 그 안에서 찾아낸 머
리핀을 가져가며 큰소리로 말했습니다.

"야! 이거까지 가져가면 어떡해!"

처음 만난 담임 선생님과 반 아이들 모두 그 광경을 바라보고
있었습니다. 엄마가 얻어 온 동네 언니의 옷을 물려 입으면서
한 번도 부끄럽다고 생각하지 않았던 영희 씨지만, 그 순간만큼
은 너무 창피하고 억울했습니다. 주머니에 머리핀이 있을 거라
고 생각도 하지 못했는데, 마치 자신이 머리핀을 훔친 도둑이라
도 된 것 같았기 때문입니다.

집으로 돌아온 영희 씨는 이불을 뒤집어쓰고 숨죽여 울었습
니다. 학교에서 있었던 일이 알려지면 자기보다 더 속상해 할
엄마를 먼저 생각했기 때문입니다. 어린 영희 씨의 억울함은 시
간이 흘러도 풀리지 못한 채로 남아, 오십이 넘도록 머리핀을
사 모으는 수집욕으로 이어졌습니다. 마치 값비싼 머리핀을 사
모음으로써 남의 머리핀을 훔치기는커녕 탐낸 적조차 없었던
어린 영희 씨의 결백을 증명하고 싶은 듯합니다.

실수도 하고 결점도 있어야 한다

성장을 멈춘 내 안의 어린 분들은 누가 양육해야 할까요? 나를 가장 잘 아는 사람이 나 자신이듯, 내 안의 어린 분을 가장 잘 양육할 수 있는 사람도 나 자신입니다.

내 안에는 어린 분들뿐만이 아니라 나이 지긋하고 다 큰 어른들도 있습니다. 혹시 내 안에 그런 어른이 없다고 생각하나요? 오십에 마음공부를 하는 이유는 나를 알기 위해서라고 했습니다. 내 안에서 어른을 발견하는 것도 마음공부의 과제입니다. 나만의 동굴 안 어둠 속으로 성큼 발을 내딛는 나도 그런 어른의 한 부분이라고 생각하면 됩니다.

양육자를 찾았다면, 두 번째로는 어린 분을 양육하기 위해 어떤 자질을 갖추어야 하는지 알아봅시다. 사람은 누구나 실수하며 살고, 다들 결점이 있습니다. 양육자라고 해서 꼭 완벽할 필요는 없습니다. 아이들은 양육자가 실수도 하고 결점도 있어야 더 많이 배웁니다.

중요한 것은 실수할 때 어떻게 처리하는지 보고 배우는 과정이 있는가 하는 것입니다. 양육자가 너무 완벽한 자녀는 이 과정을 배울 기회가 없습니다. 오르지 못할 산 같은 부모에게서는 '엄마 아빠도 그러는데, 뭐' 하며 자기위안 삼을 구실도 찾기 힘들겠지요. 나는 결코 부모처럼 될 수 없다고 일찌감치 포기하거나 좌절에 빠질 수도 있습니다.

내면의 어린 분을 잘 양육하는 사람은 '내 실수'와 '내 탓이 아닌 실수'를 구분합니다. 내 탓도 아닌 실수를 자책하느라 양육의 책임을 내버리지 않습니다. 또한 자신이 완벽할 수 없음을 알고, 실수와 결점을 인정하고 고치려고 노력합니다.

영국의 소아과의사이자 정신분석학자인 도널드 위니컷 (Donald Winnicott)은 양육자를 'good enough mother'라고 불렀습니다. 해석하면, 완벽하고 충분히 좋은 엄마보다는 '그런대로 괜찮은 엄마'라는 의미가 됩니다. 그런대로 괜찮은 엄마는 아이의 욕구에 적절히 반응하고, 나아가 '나를 나답게 기르는 사람'입니다.

김장성의 《민들레는 민들레》라는 그림책에서는 싹이 터도, 벽 틈에 꽃을 피워도, 들판에 다른 민들레와 함께 있어도, 홀씨로 날아가도 "민들레는 민들레"라고 말합니다. 민들레는 다른 어떤 것이 될 수 없고, 되려고 하지도 않습니다. 환경에 적응하며 자기 속도대로 자라나지요. 작가는 언제 어디에 있어도 고유하고 독자적으로 존재하는 것이 바로 '나다운 것'이라고 일깨웁니다.

여기서 주목할 점은 이 고유함과 독자성이 고정불변은 아니라는 사실입니다. 지금 그대로 괜찮은 양육자는 "너는 이런 사람이니까 이래야 해"라고 규정짓지 않습니다. 변화하는 고유함을 새롭게 보며, 그 독자성을 격려합니다. "너는 왜 이렇게 별나니?"가 아니라 "네가 별나서 더 소중해"라고 말하지요.

계절이 바뀌거나 장소가 달라질 때마다 민들레가 느끼는 감정도 달라집니다. 머리 모양을 조금 바꾸거나 옷만 갈아입어도 마음가짐이 달라지는 것과 비슷합니다. 나를 나답게 키우는 양육자는 이 달라지는 느낌에 섬세하게 반응합니다. 사춘기에 접어든 어린 분을 젖먹이 대하듯 대하지 않습니다.

시시각각 달라지는 느낌은 마음에서 만들어지므로 나 자신이 가장 잘 압니다. 그래서 누구보다 자기 자신이 나의 어린 분을 잘 양육한다는 것입니다. 이때 내 마음을 제대로 알기 위해 스스로에게 계속 묻는 과정이 필요합니다.

나를 나답게 키우는 가장 좋은 방법

앞에서 말한 그림책에는 민들레가 지붕 위에 핀 장면이 나옵니다. 어떤 양육자는 지붕 위에 핀 민들레가 외로워 보인다고 생각해서 묻지도 않고 뿌리째 뽑아 자기가 좋다고 생각하는 곳에 옮겨 심습니다. 그런 뒤에 스스로 만족하며 민들레가 고마워하리라고 기대합니다.

　지금 그대로 괜찮은 양육자는 민들레에게 "내 눈에는 홀로 지붕 위에 피어서 외로워 보이는데, 너는 어떠니?" 하고 먼저 물어봅니다. 민들레가 양육자의 생각과는 달리 다음과 같이 말할 수도 있으니까요.

　"지붕까지 오르느라 힘들었지만 하늘의 구름과도 더 가까워지고, 밤에는 별들의 속삭임도 들을 수 있어서 좋아요. 시간이 지나 홀씨가 되면 언제든지 땅 밑으로 내려갈 수 있잖아요. 지금은 여기 있는 게 정말 행복해요."

　이런 사실들을 알게 된 영희 씨는 장식장의 머리핀들을 모조리 상자에 담아 봉했습니다. 그리고 양육자로서 자신의 어린 분에게 편지를 썼습니다.

　내 안의 어린 분에게

　나는 당신이 스스로가 정말 소중한 사람이라는 것을 꼭 알았으면 좋겠어요. 당신은 이 세상 수많은 사람 중 단 하나뿐이니까요. 당신을 대체할 존재는 이 세상에 아무것도 없습니다. 생각도, 생김새도, 목소리도, 마음도…. 당신은 현재뿐만 아니라 과거, 또 미래에도 결코 찾아볼 수 없는 고귀한 보물이에요. 당신이 없다면 당신다운 것은 어디서도 다시 볼 수 없습니다. 그래서 당신은 나만이 아니라 온 우주에 더할 나위 없이 소중하고 꼭 필요한 존재예요. 다시는 그 누구도 함부로 할 수 없도록, 누구에게도 무시당하지 않도록 내가 꼭 지켜 줄게요.

그런대로 괜찮은 양육자는 영희 씨의 편지처럼 자신의 몸과 마음을 굳세게 만들기 위해 노력합니다. 보양식을 먹고, 좋은 구경도 하고, 좋아하는 사람들과 시간을 보냅니다. 가끔 사치를 부려도 죄의식을 느끼지 않지요.

아이들은 혼자서 살아갈 수 없기 때문에 양육자가 곁에 있다는 사실만으로도 안전함을 느낍니다. 그래서 양육자가 지치고 아파 보이면 아이들은 마음 놓고 양육자에게 도움을 요청하지 못합니다. 혹시 양육자를 잃을지도 모른다는 두려움에 도우려는 마음만 앞설 수도 있습니다.

양육자는 아이의 반응에 둔감하거나 냉담해서도 안 되지만, 매사 너무 예민하거나 바람만 불어도 날아갈 것처럼 약해 보여서도 안 됩니다. 양육자가 이런 모습을 보이면 아이들은 덩달아 불안해하느라 제대로 크지 못합니다.

그런대로 괜찮은 양육자는 아이들이 마음껏, 솔직하게 자기 자신을 내보여도 든든하게 받아 주리라는 믿음을 주는 어른입니다. 이런 어른의 모습으로 내 안의 어린 분을 재양육한다면, 내면아이는 무럭무럭 잘 자라 좋은 어른으로 내게 편입될 것입니다.

화해

묵은 문제
해결하기

사진첩이나 갤러리 앱 속 넘쳐 나는 사진 중에는 남기고 싶은 것도 있지만, 그렇지 않은 것들도 있습니다. 내 모습이 봐 줄만 하고, 함께 찍힌 사람들과 좋은 추억이 담긴 사진은 남기고, 그렇지 않은 것은 버리면서 사진을 정리합니다. 엄선해 남겨 놓은 사진들은 언제든 꺼내 보면 흐뭇한 미소가 절로 번집니다. 힘들 때 이런 사진들을 보면 힘이 납니다.

반대로, 보고 있으면 오히려 마음을 불편하게 만드는 사진은 버려야 합니다. 버려지는 사진은 두 가지로 나눌 수 있습니다. 버리는 동시에 기억에서 완전히 지워지는 것과 없애 버렸는데도 마음 한편에 선명한 이미지로 남아 있는 것입니다. 더 이상 떠올리고 싶지 않은데 마음에 계속 남아 있다면 거기에는 분명한 이유가 있습니다. 바로 사진 찍힐 당시의 일을 꼭 기억해 그 상황을 해결하고 말겠다는 완결의 본능입니다.

게슈탈트 치료(정신분석, 실존철학 등에 영향을 받은 심리 치료로, 자신과 환경을 알아차리고 내면의 경험과 접촉할 다양한 기법을 제시함)에서는 갤러리에 계속 남아 있는 사진처럼 해결되지 않은 채 마음에 남은 과거를 '미해결 과제(unfinished business)'라고 합니다. 미해결 과제는 과거의 일이지만 해결되기를 기다리는 현재의 과제이기도 합니다. 무시하면 감당할 수 없기 때문입니다.

미해결된 과거의 일들은 미래로 나아가는 현재의 흐름을 가로막습니다. 미해결 과제에는 미봉책이 통하지 않습니다. 대충 처리했다 싶으면 잠깐 뒤로 물러난 듯하다가 결정적인 순간 다시 튀어나와 화면 전체를 채워 버립니다. 내가 써 나가야 하는 인생 드라마가 더 이상 진전되지 못하게 만듭니다. 그래서 꼭 해결하고 넘어가야 하는 인생의 숙제입니다.

거미 엄마 이야기

이제 막 오십이 넘은 미영 씨에게는 종종 마음 한구석에서 튀어나오는 장면이 하나 있습니다. 태권도복을 입은 자신과 그 뒤에 선 엄마의 모습입니다. 장면 속 엄마는 거미의 모습입니다. 거미 엄마가 쳐 놓은 거미줄에 갇힌 사진 속 미영 씨는 부자연스러워 보입니다.

일이 잘 풀리지 않을 때마다 미영 씨 눈 앞에 생생하게 나타나는 이 장면은 수십 년이 지나도 똑같습니다. 거미 엄마가 쳐 놓은 거미줄에 걸려 발버둥치는 미영 씨의 모습은 언제나 무기력합니다.

며칠 전, 미영 씨는 고향에서 올라온 엄마와 오빠를 마중 나갔습니다. 엄마는 만나자마자 오빠가 든 보따리를 냉큼 미영 씨 손에 들립니다. 엄마는 아들이 잠시라도 무거운 짐을 드는 것을 허락하지 않습니다. 무거운 것도 냄새나는 것도 다 미영 씨 몫입니다. 그깟 보따리, 그리 무겁지도 않지만 과거의 장면 장면이 소환되면서 미영 씨의 마음속에서 울화가 치밀어 오릅니다. 그래서 엄마에게 "무릎 관절도 안 좋으면서 뭐하러 무거운 걸 가져오냐"고 퉁명스럽게 한마디 했습니다.

미영 씨의 오빠는 어려서부터 늘 골골했습니다. 엄마는 몸 약한 아들의 기를 살려 주려고 태권도 도장에 보냈지요. 그 시간에 따로 맡길 곳이 없어 한 살 아래 동생 미영 씨도 곁다리로 태권도 도장에 다니게 되었습니다.

미영 씨는 태권도를 열심히 배웠습니다. 재미도 있고 신도 났습니다. 하지만 학부모 참관 수업 다음 날, 오빠도 미영 씨도 더 이상 도장에 갈 수 없었습니다. 오빠보다 월등히 잘하는 미영 씨의 모습을 본 엄마가 남매의 태권도 수업을 중단했기 때문입니다. 이유는 하나였습니다. 아들의 기가 죽을까 봐 그런 것이지요. 엄마의 속내를 알 리 없는 어린 미영 씨가 아무리 떼를 써도 소용없었습니다.

자라면서 비슷한 일이 몇 번이고 반복되었습니다. 그때마다 엄마의 오빠 기 살리기 작전은 미영 씨의 화에 불을 붙였습니다. 엄마에게 대들어도 통하지 않자 미영 씨는 엉뚱한 데다 화풀이하며 문제를 일으켰습니다. 그럴 때마다 엄마는 이렇게 말했습니다.

"그놈의 성질머리. 너도 꼭 너 같은 딸 낳아라!"

너도 꼭 너 같은 딸 낳아라!

엄마 말대로 미영 씨는 정말 자기와 꼭 닮은 딸을 낳았습니다. 딸아이가 말도 없이 괜한 심통을 부릴 때는 사춘기 때 미영 씨 모습이랑 어쩜 그렇게 똑 닮았는지 모릅니다.

딸아이가 심통을 부릴 때마다 골수에 박힌 "너도 꼭 너 같은 딸 낳아라!"라는 말이 혀끝에 맴돌았지만, 미영 씨는 꾹 참았습니다. 딸아이 뒤통수에 대고 혀를 차기는 했지만요. 말로 내뱉지 않으니 자기가 엄마보다는 낫다고 생각했습니다. 하지만 딸은 미영 씨의 마음을 너무도 잘 알았습니다. 오늘 아침에도 딸은 "엄마가 나를 한심하게 생각하니까 내가 한심해진 거"라며 미영 씨의 속을 잔뜩 긁었습니다.

딸과 관계가 틀어질 때마다 미영 씨 눈 앞에는 거미 엄마가 나타납니다. 그럴 때마다 미영 씨는 '이게 다 엄마 때문이야. 제대로 보살펴 주기는커녕 내 앞길 다 막고 맨날 오빠 뒤치다꺼리나 시키니 내가 항상 이 꼴이지. 이제는 딸애한테까지 무시당하고….' 하고 생각했습니다. 엄마의 저주가 대를 잇는다고 생각하니 더 화가 났지요.

미영 씨가 엄마에게 한 번도 억울함을 말하지 않은 것은 아닙니다. 원서 내는 곳마다 줄줄이 낙방하고 홧김에 서울로 올라가면서 미영 씨는 엄마에게 소리를 질렀습니다. 살면서 엄마가 해 준 것은 하나도 없다며 오빠를 향한 일편단심과 편파적 사랑, 그리고 무조건 역성부터 들어 주는 태도를 따졌습니다.

미영 씨는 그저 미안하다는 말 한마디가 듣고 싶었습니다. 하지만 엄마는 오히려 노발대발했습니다. 기껏 다 키워 놨더니 배은망덕하기 짝이 없다며 "너도 꼭 너 같은 딸 낳아라!"로 말을 끝맺었습니다. 감정 분출의 결과로 얻은 것은 후련함이 아니라 후회였습니다.

주변에서는 관계를 끊거나 거리를 두라고 조언했지만, 부모 자식 간에 그리 쉽게 실천할 수 있는 조언은 아니었습니다. 미영 씨는 엄마의 입장에도 서 봤습니다. '약한 손가락이 더 아픈 법이지' 하고 엄마를 이해하려 노력하니 얼마간 억울한 성장기 사건들이 뒷전으로 물러나는 것도 같았습니다.

과거와의 화해를 통한 어른되기

미영 씨는 얼마 전부터 50세 이상의 중년들로 구성된 상담 집단에 참석하기 시작했습니다. 그곳에서 한 집단원이 사별한 엄마와의 미해결 문제를 다루는 과정을 보았습니다. 그분은 이미 고인이 된 엄마와 얽힌 문제가 해소되지 않아 여전히 힘들어했습니다. 문제의 한 축을 쥐고 있는 엄마 대신, 다른 집단원이 돌아가신 엄마의 역할을 했습니다.

안타깝게도, 이성적으로 이해하는 것만으로는 미해결 과제가 해결되지 않습니다. 해결을 위해 거쳐야 하는 순서가 있기 때문입니다. 상대방을 향한 섣부른 이해에 앞서 억울함의 타당성을 먼저 인정받아야 합니다. 인정과 사과 없이는 미해결 과제를 제대로 해결하기 어렵습니다.

그래서 오십이 다 되도록 미루어 온 미해결 과제를 뒤늦게 성급히 처리하려다 보면 더 큰 문제가 일어날 수도 있습니다. 문제의 당사자가 나이 든 부모라면 내가 언제 그랬냐며 기억조차 못 하기도 하고, 크게 화내면서 도리어 호통을 치기도 합니다. 반대로 뒤늦게 잘못을 자각하고, 죄책감 때문에 침울해하며 자식 눈치를 보는 일도 생깁니다.

오늘 밤, 미영 씨는 집단 상담에서 본 대로 엄마와 함께 자신의 미해결 과제를 풀려고 합니다. 엄마에게 부탁할 내용을 미리 글로 쓴 다음 천천히 연습하며 마음을 차분히 가라앉히려 노력했습니다.

엄마가 오빠를 편애할 때마다 나는 사랑받을 가치가 없는 사람이고, 오빠의 들러리일 뿐이라는 생각에 많이 서러웠어요. 내 편은 아무도 없어서 늘 외로웠고요. 살면서 힘든 일이 생길 때마다 엄마가 나를 무능력하게 만들었기 때문이라고 생각했고, 딸애가 날 닮은 못된 성질을 부릴 때도 엄마를 탓했습니다.

오늘은 나의 '엄마 탓'에 종지부를 찍고 싶어요. 그러니 제가 말하는 걸 잘 들어 주셨으면 합니다. 엄마를 원망하거나 마음 상하게 하려는 것이 아니라, 내가 더 이상 엄마 탓 하지 않고 어른답게 살고 싶어서 그래요. 쓸데없이 다 지난 일을 끄집어낸다고 무어라 하지 마시고, 동의하지 못하는 것이 있어도 이번만은 끝까지 잘 들어주세요. 들으면서 사이사이 "힘들었겠다,

그럴 만했네, 미안하다" 중에 하나씩 골라 맞장구쳐 주세요. 오늘만은 그 외의 말씀은 사양할게요. 부탁합니다, 엄마.

한 번의 대화로 수십 년이나 해묵은 과제가 단번에 풀리지는 않겠지요. 하지만 이 시도를 시작으로 하여 미영 씨를 옥죄는 거미 엄마의 이미지가 사라지고, 마망(Maman)*처럼 외부의 해악으로부터 자식을 지켜주는 든든한 거미 엄마의 이미지가 자리 잡으면 좋겠습니다.

● 영국의 테이트 모던 미술관에 있는 청동 거미 조각상. 작가 루이스 부르주아(Louise Bourgeois)는 자식을 지키려고 질병을 퍼뜨리는 모기를 잡아먹는 거대한 거미 엄마상으로 강렬한 모성애를 형상화했다.

유연

깨진 마음 그릇
이어 붙이기

삶이란 오십이 되고, 육십이 되더라도 끊임없는 외부 자극에
자신을 노출하는 일입니다. 주변 환경, 관계 갈등, 타인의 평가
와 비난, 재해 등 내가 아닌 모든 것은 다 외부 자극입니다. 우
리의 마음은 이 외부 자극, 특히 다루기 힘든 외부 자극들에 어
떻게 대처할까요? 이는 크게 세 가지로 나눌 수 있습니다.

첫째는 '피하기'입니다. 외부 자극이 너무 압도적이고 위협적
이라면 가능한 한 요리조리 피해 가는 것도 방법입니다. 둘째
는 '막아 내기'입니다. 받아들이고 싶지 않은데 계속 문을 두드
려 대는 외부 자극들은 마음의 무기로 막아 냅니다. 마지막은
'담아내기'입니다. 어떤 외부 자극들은 원치 않아도 필요에 의
해 꼭 받아들여야 할 수도 있습니다. 그때 너무 버겁고 감당하

기 어렵다면 임시로 그릇(마음 그릇)에 담아 두는 과정이 필요합
니다.

마음 그릇의 모양은 크기만큼 중요하다

제대로 된 밥그릇 하나 없는 알량한 마음은 외부 자극을 받아
들일 여유가 없습니다. 그럴 때는 일단 피하거나 막아서 외부
자극들을 차단하는 것이 좋습니다. 그러나 다루기 어렵다고 모
든 외부 자극을 차단할 수는 없습니다. 이럴 때 필요한 것이 바
로 마음 그릇입니다.

흔히 마음의 수용력을 그릇 크기로 표현합니다. 그릇이 '큰 사
람' 또는 '작은 사람'이라고 말하지요. 내 마음 그릇의 전체 용량
을 아는 건 중요합니다. 그래야 적정량의 자극을 담을 수 있으
니까요.

그러나 오십이 되면 크기만큼이나 그릇의 모양이 중요해집니
다. 나이를 먹을수록 용도에 따라 모양이 다른 그릇이 필요합니
다. 간장은 평평하고 큰 접시에 담을 수 없고, 파전은 오목한 종
지에 담을 수 없습니다. 계속 늘어나는 외부 자극을 제대로 받
아 내려면 내용에 따라 모양과 크기가 다른 마음 그릇이 필요하
겠지요. 마음 찬장에 용도가 다른 그릇을 다양하게 준비해 둔다

면 곧바로 다루기 힘든 외부 자극들을 그에 맞는 그릇에 담아낼 수 있게 될 것입니다.

　마음의 입장에서 보면 외부 자극들은 대부분 낯설게 느껴집니다. 그러므로 마음 그릇에 담아 시간을 들여 숙성하는 기간이 필요합니다. 적정 기간을 지나 잘 숙성된 외부 자극들은 더 이상 날것이 아닙니다. 차후 나의 내적 자원으로 자연스레 스며듭니다.

　정년퇴직을 몇 년 남기지 않은 상혁 씨는 이 나이까지도 부정적인 평가에 유난히 민감합니다. 어려서부터 모범생으로 칭찬만 들으며 자라서인지, 어쩌다 자신을 향한 부정적인 말을 들으면 며칠 동안 잠도 못 자고 밥도 못 먹을 정도로 마음이 불편합니다.

　중학생 때는 '겸손한 척한다'는 말을 듣고 바로 그 친구와 절교했습니다. 대학생 때는 동아리에서 '좀스럽다'는 말을 들은 후 통 크게 뒤풀이 비용을 쏘느라 등골이 빠질 뻔하기도 했습니다.

　상혁 씨는 지금의 직장이 정말 마음에 듭니다. 자신을 신랄하게 평가하는 동료 한 명만 빼면 말이지요. 그 사람의 평가가 완전히 틀린 것만은 아니어서 더욱 불쾌합니다. 그 동료 때문에 이 좋은 직장을, 그것도 정년을 코앞에 둔 채 관둘 수는 없었습니다. 그러나 자는 것도, 먹는 것도 점점 시원찮고 힘들어졌습니다.

마음 그릇에 대한 설명을 들은 상혁 씨는 자기 마음에도 그릇을 하나 마련했습니다. 아주 유머러스하게 생긴 그릇입니다. 동료의 부정적인 평가가 유머 그릇에 담기면 일단 불쾌한 감정을 가라앉힐 수 있었습니다.

시간이 지나자 그릇에 담긴 동료의 신랄한 평가에서 쓰고 매운 기가 빠졌습니다. 정당하게 상혁 씨를 지적한 부분만 잘 숙성되었지요. 비로소 상혁 씨는 동료의 평가를 달갑게 수용하게 되었습니다.

마음의 유연성을 키우는 방법

이 사례에서 상혁 씨가 다루기 힘든 외부 자극은 자신을 향한 부정적인 평가입니다. 친구와 절교한 것은 외부 자극을 다루는 방법 중 '피하기'에 해당하는데, 친구(부정적 평가의 진원지)와의 관계를 끊음으로써 자신을 향한 부정적인 평가를 더 이상 듣지 않게 되었습니다. 대학 때 뒤풀이 비용을 혼자 부담한 것은 과장된 행동이라는 마음의 무기로 외부 자극을 다루는 '막아내기'입니다.

직장 동료의 평가는 피할 수도 막을 수도 없이 받아들여야만

합니다. 그래서 상혁 씨는 즉각 받아들이기 어려운 자극을 우선 유머로 받아치고, 마음 그릇에 담아 숙성하는 과정을 거치기로 했습니다. 이것이 바로 '담아내기'*입니다.

외부 자극을 내용에 맞추어 각각의 마음 그릇에 담아내는 것을 다르게 표현하면 '마음의 유연성 키우기'입니다. 마음의 유연성은 어른다움의 척도입니다. 마음의 유연성을 발휘하려면 용도에 맞는 그릇들을 준비하고, 그 그릇들을 알맞은 외부 자극과 맞춤하는 눈썰미가 필요합니다.

어떤 외부 자극에는 뚝배기가 걸맞고, 어떤 외부 자극은 놋대접이 안성맞춤이라는 것을 알아보는 안목은 어른다움의 요건이라고 할 수 있습니다. 펄펄 끓는 기름을 얄팍한 유리잔에 담으면 단박에 터지겠지요.

외부 자극의 내용과 그릇의 짝을 잘못 맞추면 기껏 마련한 마음 그릇이 깨집니다. 이때 어른다운 어른은 깨진 그릇을 그냥 버리지 않습니다. 조금 전까지 멀쩡하던 그릇을 살려 보는 기지를 발휘합니다. 바로 '업사이클링'입니다.

업사이클링(upcycling)이란 재활용(recycling)에서 발전한 개념으로, '새 활용'이라고도 합니다. 버려질 물건을 새롭게 디자인하

● 정신분석가 월프레드 비온(Wilfred Bion)의 '담아 주기(containment)'에서 차용한 표현이다. 내담자가 투사한 것을 분석가가 충분히 느끼면서 이해 가능한 형태로 소화시켜 내담자에게 돌려주는 과정이다. 한 개인이 받아들이기 힘든 외부 자극을 의식적으로 받아들이는 하나의 방편이다.

고 쓸모를 찾아 가치 있게 만드는 행위를 가리킵니다. 대표적인 업사이클링의 예로는 일본의 킨츠기를 들 수 있습니다. '킨'은 일본어로 금(金)이고 '츠기'는 이어 붙인다는 뜻입니다. 즉, 킨츠기는 깨진 그릇을 보수하는 예술에 가까운 기술입니다.

킨츠기의 예술성은 다른 보수 작업과 달리 이어 붙인 자국을 그대로 드러나게 한다는 데 있습니다. 최신 기술은 산산조각 난 도자기도 감쪽같이 되돌릴 수 있지만, 사람들은 그것을 예술이라고 표현하지 않습니다. 반면에 킨츠기는 파손의 흔적을 금장식으로 드러내면서 예술품으로 재탄생시킵니다.

어른의 마음 그릇을 '업사이클링'하라

어른은 마음 그릇이 깨지면 킨츠기와 같은 작업을 합니다. 작업의 핵심은 다음과 같습니다.

첫째, 상한 마음의 흔적을 감추지 않는다는 원칙을 지킵니다. 킨츠기는 단단한 봉합 작업이지만, 더 이상 깨지지 않게 만들어 주는 것은 아닙니다. 어른의 업사이클링은 상흔을 감추지 않고 드러냄으로써 또다시 상처받을지도 모르는 마음의 지점을 알려 줍니다. 그래서 세심한 돌봄이 지속되도록 합니다.

둘째, 상한 마음에 최고의 보상을 해 줍니다. 깨진 마음을 철

사로 얽거나 화공 약품으로 때우지 않습니다. 생 옻을 반복적으로 붙이고 말리며 이어 붙인 자리를 값비싼 금으로 장식합니다. 말로만 수치스럽지 않다고 하는 것이 아니라, 상처가 정말 진귀한 훈장이 될 수 있음을 보여 줍니다.

셋째, 조각난 마음이 서로 잘 이어지도록 인내심을 가지고 기다립니다. 봉합은 한두 번으로 되지 않습니다. 한 번 붙이고 나서 마를 때까지 여러 번 되풀이하며 기다립니다. 아물지 않은 상처는 금방 덧나기 때문입니다. 그러므로 어른의 업사이클링은 상처에서 진물이 나고 딱지가 굳는 지루하고 긴 과정을 잘 지켜보며 기다리는 것이 관건입니다.

인생의 반을 살아온 지금의 나는 외부 자극을 어떤 방식으로 다루고 있나요? 이런저런 외부 자극을 담아 둘 마음 그릇이 얼마나 여러 가지로 마련되어 있나요? 금 가거나 깨진 마음 그릇은 어떻게 업사이클링할 수 있을까요?

오십 즈음은 내 마음의 그릇들을 한번 점검해야 할 때입니다. 내게 없는 그릇을 새로 마련하고, 금 간 그릇은 이어 붙이면서 말이지요.

삶의 가장 큰 과제에 대하여
POINT

자신

- 내 마음을 안다는 것은 어려운 일이지만, 매우 가치 있는 평생 과업이다.
- 나만의 동굴에서 스스로를 만나는 법을 배워야 한다. 그 후에는 세상 속 광장으로 나와 다른 사람과 마주해야 한다.
- 다른 사람의 눈동자를 응시해 보면, 내 마음테를 잘 해석할 수 있겠다는 믿음과 자신감이 생길 것이다.

돌보다

- 내 안의 어린 나를 가장 잘 키울 양육자는 무엇이든 든든하게 받아 준다는 믿음을 주는 내 안의 어른이다.
- 어른의 모습으로 내 안의 내면아이를 재양육한다면, 무럭무럭 잘 자라 좋은 어른으로 내게 편입될 것이다.

화해

- 미해결된 과거의 일들은 미래로 나아가는 현재의 흐름을 가로막는다.
- 상대방에 인정과 사과 없이는 미해결 과제가 제대로 해결되기 어렵다.
- 단 한 번의 대화로 수십 년 응어리가 풀리지는 않는다. 하지만 그를 시작으로 자신의 미해결 과제를 풀어나가야 한다.

유연하다

- 흔히 마음의 수용력을 그릇이 '큰 사람' 또는 '작은 사람'과 같이 그릇의 크기로 표현한다.
- 내 마음 그릇의 전체 용량을 아는 건 중요하지만, 오십이 되면 크기만큼이나 그릇의 모양이 중요해진다.
- 나이를 먹을수록 많아지는 외부 자극을 제대로 받아 내려면 내용에 따라 모양과 크기가 다른 마음 그릇이 필요하다.

불안이
삶을
자극할 때
기억할 것들

오십의 **위기**

○ 오십을 단단하게 하는 단어들

다짐

[다짐] 명사.
마음이나 뜻을 굳게 가다듬어 정함.

이해

[이 : 해] 명사.
남의 사정을 잘 헤아려
너그러이 받아들임.

변화

[변 : 화] 명사.
사물의 성질, 모양, 상태 따위가
바뀌어 달라짐.

가치

[가치] 명사.
사물이 지니고 있는 쓸모.

역할

[여칼] 명사.
자기가 마땅히 하여야 할 맡은 바
직책이나 임무.

다짐

잘못한 사람은
아무도 없다

우리는 살면서 수없이 '탓'을 합니다. 내 탓, 남 탓, 날씨 탓, 심지어 조상 탓까지 하지요. 책임이 어디에 있는지 밝힌다는 점에서 탓하기가 필요할 때도 있습니다. 문제의 원인이 나에게 있는지 남에게 있는지, 아니면 복합적인지 따져야 문제를 제대로 해결하고 같은 잘못을 반복하지 않을 테니까요.

예를 들어, 바삐 길을 걷다가 비닐봉지에 미끄러져 넘어졌을 때, 제대로 살피지 못한 내 탓이라고 생각하면 다음부터는 스스로 조심할 것입니다.

반면에 "어떤 고약한 놈이 여기다 비닐봉지를 버린 거야?" 하며 남 탓만 한다면 앞으로도 조심하지 않겠지요. 문제는 이치에 맞지 않게 무조건 남을 탓하거나, 근거 없이 다 내 탓으로 돌리는 데 있습니다.

내 안의 시한폭탄을 남에게 던지다

무조건 남 탓 하는 심리는 자기방어와 연관됩니다. 문제의 원인이 자신이라는 걸 인정하고 받아들이는 게 불편하고 수치스럽습니다. 그 불편함이나 수치스러움의 정도가 지나쳐서 압도당할 것 같을 때, 사람들은 자기를 방어하려고 문제를 남 탓으로 떠넘깁니다. 잘못을 내 탓으로 받아들이면 스스로 파멸할 것 같아 밖으로 내던지는데 그 대상이 다른 사람이 되는 것입니다.

귀한 딸로 부족함 없이 자란 애영 씨는 오십 대가 되었음에도 여전히 무엇이든 잘하는 팔방미인입니다. 어릴 적 친구들의 시기로 마음고생이 많았던 애영 씨에게 시기심은 못난 사람이나 지닌 경멸스러운 감정입니다. 시기심이란 단어는 애영 씨 사전에 없는 것이지요. 그런데 애영 씨의 딸은 엄마와 많이 달랐습니다. 성적도 바닥이고, 아무 의욕도 없습니다.

딸 문제로 속앓이하는데, 평소 애영 씨를 부러워하던 친구 혜숙 씨가 딸 자랑을 늘어놓았습니다. 그 후 애영 씨는 일방적으로 혜숙 씨와 관계를 끊었습니다. 영문을 모르는 다른 친구들이 이유를 물으면 "걔가 날 미워하니 일부러 피해 주는 것"이라고 말했습니다.

애영 씨는 자기처럼 완벽한 사람이 은근히 내려다보던 친구를 시기한다는 사실이 너무나 수치스럽습니다. 이런 감정을 용납할 수 없습니다. 그래서 시기심과 미움이라는 자기감정을 친구에게 떠넘겨 버렸습니다. 친구가 나를 시기하고 미워하니 내가 거리를 두며 배려해 준다는 식입니다. 다시 말해 내 시기심과 미움이 그 친구 탓이라며 자기를 정당화하는 것이지요. 이런 자기방어를 '투사'라고 합니다.

남을 탓하는 투사는 대개 자기도 모르게 발동됩니다. 사람들은 스스로를 지키기 위해 투사라는 마음의 방패를 사용하지만, 투사는 남에게 책임을 전가하고 자기 통찰을 가로막기 때문에 어른으로의 성장을 방해하는 방어기제입니다.

내 잘못이어야 해결할 수 있다는 착각

투사와 반대로 모든 것을 자기 탓으로 돌리는 심리는 '내사'라는 방어기제로 풀어 볼 수 있습니다. 내사는 모든 문제의 원인이 내 것인 양 자신의 안으로 끌고 들어오는 것입니다. 내사는 어린 시절 뿌리 깊게 박힌 부모와의 부정적인 경험과도 연관됩니다.

어린아이에게 부모는 생존의 모든 것입니다. 아이들은 사랑으로 보호하고, 의식주를 해결해 줄 부모 없이 살아갈 수 없습니다. 그래서 아이를 버리는 부모는 있어도, 부모를 버리는 아이는 없다고 하지요.

부모가 아무리 나빠도 나쁘다고 할 수 없는 아이는 부모의 잘못을 자기 탓으로 돌립니다. 대상관계 이론가인 로널드 페어베언(Ronald Fairbairn)은 이를 '도덕적 방어'라고 했습니다. 아이들은 방치되고 학대당해도 부모가 나쁜 탓이 아니라 "내가 사랑받을 가치가 없는 아이라서", "내가 맞을 짓을 해서"라며 나쁜 부모의 잘못을 자기 탓으로 돌린다는 것입니다.

어떤 아이들은 부모의 이혼도 자기 탓이라 생각합니다. '내가 말을 더 잘 듣고, 공부도 더 잘했더라면 이혼하지 않았을 텐데' 하고 생각하는 것이지요. 이런 내 탓의 이면에는 문제를 손아귀에 넣고 통제하려는 의도가 숨어 있습니다. '내 노력과 의지로 모든 문제를 다 통제할 수 있다'고 생각하는 것입니다.

문제의 원인이 다른 사람이거나 외부 환경일 때는 스스로 해결할 수 있는 일이 거의 없습니다. 이럴 때는 어쩔 도리가 없음을 인정해야 하는데, 그러지 못하니 문제를 내 탓으로 가져와 해결해 보려 합니다. 그러나 스스로 모든 문제를 다 통제할 수 있다는 착각은 현실을 부정하는 환상에 불과합니다. 따라서 문제 해결에 도움을 주기는커녕 자책감만 키웁니다.

'탓'에서 '덕'으로

내게도 문제가 있는데 남 탓만 하거나, 내 문제도 아닌데 내 탓만 하면 인생이 고달파집니다. 어른으로 성장하지 못하고 '탓타령'만 하다 몸에도 마음에도 탈이 나게 마련입니다.

우산 장수인 큰아들과 짚신 장수인 작은아들을 둔 어머니는 날씨 탓을 하며 걱정 근심을 달고 살았다지요. 비 오는 탓에 작은아들의 짚신이 안 팔리고, 해가 쨍쨍한 탓에 큰아들의 우산이 안 팔린다고 말입니다. 그러다 어느 날부터 이 '탓'을 '덕(德)'으로 바꾸며 늘 싱글벙글했답니다. 비가 오는 덕에 큰아들의 우산이 잘 팔리고, 해가 쨍쨍한 덕에 작은아들의 짚신이 잘 팔릴 것이라고요.

누구 탓인지를 제대로 가리는 것은 중요하지만, '탓'을 '덕'으로 바꾸는 사고방식 또한 필요합니다. 통제할 수 없는 남 탓이라면 타산지석으로 받아들이고, 내 탓이라면 전화위복의 기회로 삼을 수 있습니다. 그러면 탓하느라 소모하던 에너지들을 보다 생산적으로 쓸 수 있겠지요.

이해

더 깊이
사랑하는 방법

부자연스럽거나 지나치다 싶은 행동에는 다 이유가 있기 마련입니다. 상식으로 도저히 이해할 수 없는 언행은 오히려 상식과 정반대의 입장에서 보면 종종 그 이유가 드러나기도 합니다. 본래 마음과 정반대로 말하고 행동하는 것이 숨기고 싶은 속마음을 들키지 않을 가장 안전한 방법이기 때문이지요. 이럴 때 극과 극은 통한다고 합니다.

내 마음과 정반대로 나타나는 언행은 눈치 채기도 전에, 무의식적으로 이루어지기 때문에 자기 자신도 잘 모르는 경우가 대부분입니다. 이번에는 세 자매와 치매 아버지의 이야기를 해 보겠습니다.

아버지와 곰 인형

　세 자매의 아버지는 누군가를 위해 봉사하는 일이라면 언제든 어디든 만사를 제치고 열심이었습니다. 그들의 아버지는 기술 좋은 전기공이었지만 봉사가 본업인 것 같았지요. 사람들이 아버지를 '봉사 왕'이라고 부를 때, 세 사람은 아버지를 '봉사 광'이라고 불렀습니다.

　직장과 봉사로 늘 바쁘던 아버지는 언제나 파김치가 되어 집에 돌아오곤 했습니다. 가족을 나 몰라라 하지는 않았지만, 자신의 의지와는 달리 곁을 내어 줄 여력이 없어 보였습니다. 세 사람은 더 약하고 힘든 사람들에게 몸과 마음을 쓰는 아버지를 존경하기도 했지만, 서운하고 서러운 마음이 드는 것 또한 무시할 수 없었습니다.

　세 사람의 어머니는 한밤중에도 남을 돌보느라 뛰쳐나가는 아버지에게 아무 말도 하지 못했습니다. 평생 약골이던 자신을 극진하게 돌봐 준 남편에게 미안한 마음이 있었기 때문이었습니다. 아버지는 주변 사람들의 반대를 무릅쓰고 지병이 있던 어머니와 살림을 차렸고, 병 수발도 도맡았습니다. 도를 넘는 아버지의 봉사에 대해 대놓고 불평하지 못하던 어머니는 그들에게 귀에 못이 박히도록 "너네 아빠, 해도 너무한다"는 말을 되뇌었습니다.

술도 담배도 하지 않고, 무엇보다 봉사 일을 열심히 신나게 하는 아버지는 연세가 들어도 치매에 걸리지 않을 줄 알았습니다. 그런데 아니었습니다. 어머니가 돌아가신 뒤, 아버지의 치매는 급속히 악화되었지요.

얼마 전 세 사람은 아버지가 조카의 커다란 곰 인형을 가지고 방으로 들어가는 것을 보았습니다. 옛일이 생각나서 아버지가 다시금 야속했지요. 한창 인형 놀이를 할 나이의 딸들에게 미리 물어보지도 않고 집에 있던 인형들을 몽땅 보육원 아이들에게 가져다 준 일이 떠올라서요. '이제는 사람 대신에 곰 인형이라도 돌보시려나?' 하는 생각도 했습니다. 그런데 방문을 열고 아버지의 모습을 보는 순간 세 사람은 얼어붙었습니다. 커다란 곰 인형을 바닥에 놓고 몸을 웅크려 그 품에 안겨 있는 아버지를 보았기 때문입니다. 이제껏 상상도 못해 본 기이한 그 모습에 아무도 말을 꺼낼 수 없었습니다.

돌봄받고 싶다는 욕구

기본적인 애착과 돌봄의 요구가 좌절된 경험은 심한 수치심으로 남아 평생의 상처가 됩니다. 수치심은 드러내기 고통스러워 계속 덧씌워지는 속성이 있는데, 그러다 보면 그 안에 잠식

될 수도 있습니다. 이때 나도 모르게 스스로를 구하려고 애쓰게 됩니다. 그중 하나가 '반동 형성'입니다. 받아들이기 힘든 마음을 드러내지 못하고 방어하느라 정반대로 행동하는 것입니다.

세 자매의 아버지는 돌봄받고 싶다는 강렬한 욕구가 좌절되자, 반대로 자기가 남을 돌보는 행위로 좌절된 욕구를 대신했습니다. 정작 자기욕구는 충족되지 못하기 때문에 그 반동으로 형성된 행동은 반복되고 강화되고 왜곡됩니다.

예를 들어, 어떤 사람이 악행을 저지른 후 자신의 죄악에 대한 수치심과 죄책감에 기부 행위로 대신 선을 베푼다고 합시다. 이런 사람은 나중에 빚까지 져가며 과도하게 기부하는 행태를 보일 수 있는 것입니다.

기괴한 행동이 사랑스러워지는 이해의 힘

로버트 레드포드 감독의 영화 〈흐르는 강물처럼〉에서 작은아들이 죽은 후, 목사 아버지는 큰아들에게 말합니다. "우리는 이해하지 못해도 사랑할 수 있다"고. 이 대사에 '이해하면 더 깊이 사랑할 수 있다'는 말을 덧붙이고 싶습니다. 곰 인형에게 안긴 아버지의 행동은 이해받지 못했다면 추한 노망으로 비추어질 수도 있었습니다. 그러나 이해받은 아버지의 행동은 부녀의 사랑을 더 깊게 만들었습니다.

 나 자신이나 주변 사람들이 부자연스러운 반응이나 눈에 띄게 과한 행동을 보일 때 비난에 앞서 그 내면을 헤아려 보려는 애정 어린 호기심과 관심이 필요합니다. 나도 모르게 세워 둔 마음의 방패를 걷어 내고 서로를 이해한다면, 어제까지 기피하고 싶었던 대상일지라도 오늘은 사랑스러운 사람으로 다르게 보일 수 있습니다.

변화

표현하면
달라지는 것들

　반백을 살았더라도 타인으로부터 부당한 대우를 받거나 공격당하면 몹시 화가 나는 게 사람입니다. 그럴 때는 대면한 자리에서 곧바로 화내야 하는데 그러기 어려울 때가 있습니다. 상대방이 나보다 강하거나 갑을 관계라서 불이익을 당할까 봐 두렵다면 직접적으로 반격할 엄두를 내기 어렵지요.

　공격성을 무조건 부정적인 것으로만 인식해 아예 대응하지 못하는 사람도 있습니다. 부당한 공격에 맞서는 것은 마땅한 행동임에도 불구하고, 반격하는 자체를 꺼리는 것입니다. 때로는 자신을 지키기 위한 적절한 공격성이 필요한데 말입니다.

수동 공격을 하는 심리

부당한 공격에 당한 억울함과 분노는 쉽게 가라앉지 않습니다. 언제든지, 어떻게든 되돌려 주고 싶은 마음만 계속 커지지요. 그래서 화내는 대신 삐딱한 말을 하거나 꾸물대는 행동을 하는 등 우회적인 방법으로 상대방을 공격하기도 합니다. 이를 '수동 공격'이라고 합니다.

정신과 의사인 윌리엄 메닝거(William C. Menninger)는 2차 세계 대전 당시 군에서 병사들이 무언가 못마땅한 표정을 지으면서 상관의 지시를 의도적으로 지연시키는 행동을 목격한 뒤, 이런 행동을 수동 공격이라고 명명했습니다.

부당하게 당한 약자만 수동 공격성을 보이는 것은 아닙니다. 약점이나 실수에 대한 비판과 지적이 너무나 타당해 아무런 반격의 명분이 없을 때는 그로 인한 수치심을 잘 다루지 못하면 상대방을 기습 공격하고 싶은 마음이 생깁니다. 이런 마음의 표현이 정당하지 않다는 사실을 알기 때문에, 어떤 사람들은 은밀하고 교묘하게 상대방에게 수동 공격을 가합니다.

예를 들면, 미적거리다가 마감 시간에 간신히 일을 끝냄으로써 상대방을 조마조마하게 만듭니다. 일부러 전화를 받지 않거나 보낸 메시지를 수신만 하고 답은 보내지 않는 것으로 상대방의 애간장을 태우기도 합니다.

수동 공격은 응어리진 기분을 일시적으로 가라앉힐 수는 있지만, 문제를 근본적으로 해결해 주지는 못합니다. 그래서 소심한 일회성 공격에 그치지 않고 점점 강도가 세질 위험이 있습니다. 은밀히 공격해야 하기 때문에 방화나 살인 같은 예기치 못한 큰 사건으로 번질 위험성도 있지요. 또한, 내재된 분노와 공격성이 간접적으로만 표현되기 때문에 소통에 혼란을 줍니다. 그래서 상대방의 부당한 공격을 막는 데 별 영향을 미치지 못하지요.

수동 공격으로는 본래 의도를 확실하게 전달할 수 없습니다. 상대방은 문제의 본질을 파악하지 못할 가능성이 높고, 오히려 뒤통수를 맞은 듯한 불쾌한 기분에 더욱 심하게 공격해 오기도 합니다. 수동 공격은 가하는 사람이나 당하는 사람 모두를 피폐하게 합니다.

수동 공격을 멈추는 가장 빠르고 쉬운 방법

환갑을 앞둔 영숙 씨의 일과 중 하나는 손자를 유치원에서 데려오는 일입니다. 어느 날 오후 유치원이 끝나고 손자를 데리고 오는데, 연신 씩씩대던 아이가 갑자기 다시 유치원으로 뛰어들어갔습니다. 아무도 없는 교실에 들어간 아이는 영숙 씨가 말릴

틈도 없이 다른 아이가 만들어 놓은 레고 공작물을 부숴 버렸습니다.

사연은 이랬습니다. 레고 공작물의 주인인 아이가 오늘도 영숙 씨 손자의 간식을 빼앗아 먹었다는 겁니다. 덩치 큰 아이라 맞붙어 싸우면 얻어맞을 것 같고, 선생님에게도 혼날 것 같아 아무 말도 못했다며 엉엉 울었습니다. 이런 아이를 보며 영숙 씨는 어린 시절 자기 모습을 떠올렸습니다.

나이가 열 살이나 차이나는 오빠는 영숙 씨에게는 정말 무서운 존재였습니다. 자기가 할 일인데도 어린 영숙 씨에게 무엇이든 명령하듯 지시했지요.

"영숙아, 물 떠와."

영숙 씨는 싫다는 말도 하지 못하고 입만 비쭉댔습니다. 속으로 '아니, 자기는 손이 없어? 발이 없어?' 불평하면서요. 그 모습을 본 오빠가 험악한 얼굴로 "너 표정이 그게 뭐야?" 하고 다그칩니다. 그제야 아무것도 아니라며 상냥한 척 대답했지만 영숙 씨의 마음속에서는 불덩이가 이글거렸습니다. 그럴 때는 오빠 몰래 컵 속에 더러운 손가락을 넣어 몇 번 휘젓다가 가져다줬습니다. 들킬까 봐 마음이 조마조마했지만 그렇게 해야 마음이 조금이라도 풀리는 것 같았습니다.

그리고 보니 영숙 씨는 직장 상사에게도, 시부모님에게도, 하다 못해 남편에게도 직접적으로 자기주장을 해 본 적이 없었습니다. 그들의 요구가 부당하다고 생각하면 못 들은 척하다가 나중에 언제 그랬냐고 반문했습니다. 직접적인 충돌과 대립을 회피하려고 고분고분한 척했지만, 마음은 꼬불꼬불 꼬일 대로 꼬였습니다.

아무도 없는 교실에서 레고 공작물을 부수는 손자의 모습에 오빠의 물컵에 손가락을 휘젓는 어린 시절 자기모습이 겹쳐지자 영숙 씨는 정신이 번쩍 들었습니다. '성격도 대물림이 되나?' 하는 생각이 들자 이제부터라도 솔직하게 자기표현을 하는 모습을 보여야겠다는 마음이 생겼습니다.

며칠 후, 갑자기 딸에게 전화가 왔습니다.

"엄마, 조금 이따가 애 맡겨도 괜찮지?"

"어쩌나, 선약이 있어. 애 맡길 일 있으면 미리 말해 줘."

남편이 간만에 극장표를 예매했다고 말합니다.

"여보, 내가 시간 다 알아보고 예매까지 했는데 불만 없지?"

"오랜만에 함께 영화 보는 건 정말 좋아. 그런데 결정하기 전에 나한테 미리 물어보지 않은 것은 좀 불만이야. 나랑 관련된 건 미리 상의해 줘."

영숙 씨가 아르바이트하는 청소 업체의 관리자가 말합니다.

"여사님, 저쪽도 치워 주세요."

"저긴 내 구역이 아닌데요. 담당자가 누군지 한번 알아보시겠 어요?"

면전에서 솔직하게 할 말을 다하니 뒷말할 필요도, 화가 쌓일 일도, 토라질 일도 생기지 않았습니다. 뒤늦게 은근슬쩍 공격할 궁리를 안 해도 되니 영숙 씨의 마음도 한결 평온해졌습니다.

가치

나 자신인 것으로
충분한 이유

경기가 하락세에 접어들면 소비도 줄어들기 마련입니다. 그런데도 비싼 카페는 문전성시를 이루고, 어떤 외제차는 없어서 못 팝니다. 수입이 줄어든다고 해도 값비싼 화장품이나 외제 차 혹은 명품 가방에 대한 선망은 사라지지 않지요.

이런 현상이 제품 자체의 기능 때문이라고 보기는 어렵습니다. 그보다는 비싼 물건, 또는 명품을 소유함으로써 그 제품을 소비하는 계층의 사람들과 스스로를 동일시하려는 심리가 작용했기 때문입니다.

이런 심리를 두고 프랑스의 사회철학자 장 보드리야르(Jean Baudrillard)는 '파노폴리 효과(Panoplie Effect)'라는 개념을 도입했습니다.

좋아하는 사람과 같아지고 싶은 마음

지금은 백화점 쇼핑백이 너무 흔하지만, 80년대에는 백화점 쇼핑백만 들고 다녀도 어깨가 으쓱거렸습니다. 이것도 일종의 파노폴리 효과입니다. 파노폴리 효과는 특정 제품을 소유함으로써 그 제품의 소비 계층과 자신이 같은 부류라고 여기는, 한마디로 말하자면 집단에 대한 동일시입니다.

보통 동일시란 집단보다 부모 또는 역사적으로 위대한 인물 등과 스스로를 같게 여기는 심리를 가리킵니다. 인물을 향한 동일시는 외모나 행동을 모방하는 것으로 시작해서 인격까지 동일시하게 합니다.

아이들은 엄마 놀이, 아빠 놀이 등 역할 놀이를 통해 부모와 자신을 동일시하는 과정을 거칩니다. 아이가 어른을 자기 자신과 동일시하는 것은 성장에 꼭 필요한 과정입니다. 우월하다고 생각하는 대상과 동일시되기 위해 노력하다 보면 모방에 의한 학습이 이루어지기 때문이지요.

대부분 아이들은 부모, 특히 동성의 부모와 자신을 동일시하며 자랍니다. 모든 부모는 좋고 나쁜 점을 다 가지고 있지만, 부모의 장단점을 구별할 줄 모르는 아이들은 부모의 인격을 통째로 자신과 동일시합니다. 그러다 부모와의 동일시에서 벗어나며 사춘기에 접어듭니다. 어릴 때는 남들이 부모를 닮았다고 하면 마냥 좋아하던 아이가 어느 날 이 말을 불쾌하게 받아들인다면 자기정체감에 대해 고민하는 사춘기로 접어들었다는 신호입니다.

흠모하는 대상과 같아지고 싶은 마음은 누구에게나 있습니다. 사람들은 좋아하고 존경하는 사람의 일거수일투족을 닮고 싶어 합니다. 그런데 동일시는 단순히 모방하는 수준에서 그치지 않습니다. 타인과의 동일시가 긍정적으로 작용하려면 자기 성장을 위해 일정 기간 동안만, 대상의 긍정적인 면만 부분적으로 취사선택할 수 있어야 합니다.

그렇지 않고 누군가를 전부다 자신과 동일시하려 한다면 그 대상에게 스스로 정복당하는 결과밖에 얻지 못합니다. 주체로서의 자기정체성을 잃고 동일시 대상의 복제판이 되는 것입니다. 게다가 동일시하던 대상을 향한 의존과 집착이 병리적인 것으로 굳어지기도 합니다.

입장을 바꾸어 생각해 보면 이런 동일시의 폐해가 더욱 잘 이해될 것입니다. 누군가 나를 평생 동일시한다고 생각해 보세요. 보통 사람이라면 자신의 고유성을 침탈당하고 있다는, 상당히 개운치 않은 거부감이 들 것입니다.

남과 나를 동일시하는 이유

사람마다 다른 사람과 자기 자신을 동일시하는 각각의 이유가 있습니다. 배우들은 좋은 연기를 위해 극 중 인물과 자신을 동일시하기도 합니다. 어떤 영화배우는 맡은 역에 감정을 이입하기 위해 영화 찍는 내내 복장은 물론이고 영화 속 인물과 거의 같은 생활을 한다고 합니다. 배역에 몰입하기 위한 '잠정적 동일시'라고 하는데, 촬영이 끝난 뒤 자기 자신으로 돌아오는데 수개월이 걸린다니 후유증이 가볍지만은 않은 것 같습니다.

관심과 사랑을 얻기 위해 부모가 가장 사랑하는 대상과 자기 자신을 동일시하는 아이들도 있습니다. 《피터 팬》의 작가 제임스 매튜 베리(James Matthew Barrie)는 10남매 중 아홉째로 태어났습니다. 그가 6세 때, 13세이던 넷째 형이 갑자기 죽었습니다. 유독 넷째 아들을 사랑하던 어머니는 극심한 우울증에 빠져 삶을 놓아 버렸지요.

그런 어머니를 위로하기 위해 제임스는 형의 옷을 입고, 형 행세를 하며 어머니가 돌아가실 때까지 형의 모습으로 살았습니다. 그래서인지 그의 키는 형이 죽을 당시의 키였던 150센티미터 이상 자라지 않았습니다. 어머니를 기쁘게 하고 사랑받기 위해 죽은 형과 자신을 동일시하던 제임스 매튜 베리는 과연 행복했을까요?

취약성이나 정서적인 고통에서 스스로를 지키기 위해 다른 사람과 자신을 동일시하는 경우도 있습니다. 가정 폭력의 피해 자인 아이들이 힘없고 무력한 자신의 비참한 모습에서 벗어나 기 위해 폭력적인 부모와 자신을 동일시하는 경우입니다.

아이들은 폭력을 휘두르는 부모를 증오하면서도 무의식 중에 공격자인 부모와 자신을 동일시합니다. 이를 특별히 '적대적 동 일시'라고 합니다. 폭력성이 대물림되는 이유이기도 하지요. 폭 력적인 부모와 자신을 동일시한 아이들은 가정 폭력의 피해자 지만, 학교에서는 학교 폭력의 가해자로 돌변하기도 합니다.

어른으로 가는 길

어른으로 성장하려면 타인에 대한, 특히 부모에 대한 동일시 에서 벗어나는 탈동일시의 과정을 잘 마쳐야 합니다. 휴 미실다 인(W. Hugh Missildine)은 《몸에 밴 어린 시절》이라는 책에서 부부 생활이 '한 침대에서 여섯 명이 생활하는 것과 같다'라고 했습니 다. 결혼은 배우자와 배우자의 일대일 관계여야 하는데, 양쪽 다 부모와 탈동일시 되지 못한 상태라면 배우자 1인과 부모 2인 의 합인 6자 관계가 됨을 지적하는 말입니다.

배우자 간에 서로 합의가 되지 않아 티격태격할 때가 있습니다. 이럴 때는 내 생각과 태도가 단순히 나만의 것인지, 혹 내 의견에 부모의 의견까지 합세하지는 않았는지 점검할 필요가 있습니다. 나는 부모로부터 완전히 벗어났다고 생각하지만, 과거의 부정적 동일시의 영향이 현재까지 남아 영향을 미칠 수도 있기 때문입니다. 한편 자녀가 나의 부정적인 면과 스스로를 지나치게 동일시하지는 않는지도 살펴야 합니다.

아무리 나이 들어도 탈동일시가 어려운 사람이 있습니다. 이런 사람들은 동일시한 대상과 급작스레 사별하면 매우 고통스러워하며 스스로 설 자리를 찾지 못합니다. 다른 동일시의 대상을 찾아 헤매기도 하지만, 악순환만 되풀이될 뿐입니다.

어른이 된다는 것은 더 이상 동일시할 대상이 필요하지 않다는 의미입니다. 어떤 결점도 나의 고유성과 독자성을 흠집 낼 수 없다는 사실을 알면 자기믿음과 자기사랑의 힘을 키울 수 있습니다. 그 힘이 있으면 결점도 어여삐 받아들이고 내가 나인 것으로 충분함을 깨달을 수 있습니다. 내가 동일시할 대상은 진정한 나 자신뿐입니다.

역할

진짜 나를
드러낼 용기

고대 그리스 연극은 노천의 원형 극장에서 수많은 관객을 대상으로 행해졌습니다. 배우들은 멀리 있는 관객들도 잘 볼 수 있도록 굽 높은 신발을 신고 '페르소나'라는 큰 가면을 썼습니다. 큰 가면은 확성기 역할도 했지만 목소리의 음색을 바꾸어 주기도 했습니다. 배우는 가면을 씀으로써 달라진 외형과 목소리 덕에 더 근사하게 연기할 수 있었을 것입니다.

역할을 잘 수행하기 위한 사회적 가면

직업이나 직책 등 모든 사회적 역할에는 그 역할에 요구되는 규범과 기대가 있습니다. 사람들은 이에 부합하기 위해 애씁니다. 때로는 자신이 맡은 역할을 잘 해내기 위해 고대 그리스의 연극배우들처럼 가면을 쓰기도 합니다.

칼 융은 이런 가면을 사회 적응을 위한 외적 인격이라고 설명하며 '페르소나(Persona)'라고 이름 붙였습니다. 본성이 매우 부드럽고 나긋나긋한 사람이더라도 법관으로서 법정에서 판결 내릴 때는 평소 자기본성과는 달리 엄정하고 단호한 재판관의 모습을 보여야 합니다. 이처럼 직업이나 직책 등 사회적 역할에서 기대되는 모습에 맞춰진 개인의 모습 또는 인격을 페르소나라고 합니다.

악역을 맡은 배우들이 종종 길거리에서 험한 말을 듣거나 심지어 삿대질까지 당한다는 고충을 털어놓을 때가 있습니다. 사람들이 배우의 본래 모습과 배역을 구별하지 못해 벌어지는 일입니다. 페르소나와 본래 내 모습도 이와 같습니다. 배역에서의 인물이 배우의 본래 모습이 아니듯, 페르소나는 현재 나를 이루는 일부분일 수는 있어도 본래 나와는 구별되는 것입니다.

'변검'이라는 중국의 가면극을 본 적이 있는지요? 관객이 눈치채지 못하게 여러 가면을 계속 바꾸면서 여러 역할을 보여 주는 마술 같은 기예입니다. 한 명의 변검술사가 아무도 모르게 순식간에 가면을 이것저것 바꾸어 가며 여러 역할을 해내는 기량이 매우 놀랍습니다.

　살다 보면 여러 사회 집단에 속하게 되고, 집단마다 모두 다른 역할을 맡아 그에 따른 여러 페르소나를 지니게 됩니다. 이때 숙련된 변검술사처럼 역할에 맞게 자유자재로 탈바꿈하는 것이 가능하면 사회에 적응을 잘하는 능수능란한 사람이라고 할 수 있습니다. 그렇지 못한 사람은 사회생활에서 어려움을 겪기도 하지요. 이를테면 사람들을 웃기려 쓴 어릿광대의 가면을 장례식의 상주가 되어서도 계속 쓰고 있다면 사람들은 매우 부적절하게 여길 것입니다.

　영화 〈사운드 오브 뮤직〉에 나오는 트랩 대령은 일곱 아이의 아버지인데, 집에서도 군대식으로 자녀들을 지휘합니다. 아버지가 집에 오면 아이들은 같은 옷을 입고 일렬로 정렬한 채 인사합니다. 가정에서도 군대 장교로서의 페르소나를 벗지 못하고 그대로 사용하는 아버지를 둔 자녀들은 보통의 자녀들이 아버지에게서 느끼는 것과는 다른 감정을 느낄 것입니다.

　트랩 대령이 집에서는 군 지휘관이 아닌 아버지로 돌아와야 하듯, 한 사람에게 여러 역할이 주어질 때 변검술사처럼 탈바꿈하는 페르소나의 전환이 필요합니다.

민낯을 드러내라

사회적 역할을 잘 수행하기 위해 그에 맞게 마련한 가면을 쓰는 것은 소속된 집단과 사회의 요구에 부응하기 위해 필요한 일입니다. 그런데 하나의 가면을 오래 쓰고 있다 보면 마치 그것이 본래 내 성격처럼 굳어집니다. 그래서 성격(personality)이 페르소나(persona)에서 파생되었다고도 하지요.

중요한 점은 페르소나가 어디까지나 사회적 가면이고 외적 인격일 뿐, 내 본래 모습은 아니라는 사실을 아는 것입니다. 위선적인 탈이라고까지 할 수는 없지만, 사회적 적응을 위해 차용한 외적 인격이라는 점에서 페르소나는 민낯과 분명히 구별되는 가면입니다. 페르소나는 역할 수행을 위한 임시 가면이므로 탈부착이 가능해야 합니다.

칼 융은 인생 전반기에 페르소나를 제대로 형성해야 한다고 했습니다. 사회적인 역할을 잘 수행해 사회에 적응해야 하니까요. 그러나 중년기, 인생 후반기에는 사회 규범과 남들에게 맞추는 페르소나에 의해 감추어진 자기 민낯을 볼 수 있어야 한다고 했습니다. 그래서 오십 즈음이 되었다면, 다음과 같은 질문들을 스스로에게 물어보아야 합니다.

- 반평생을 살아오며 그동안 내가 쓴 가면들은 어떤 것들이었

나요?

- 그런 모습의 가면들이 왜 필요했던 걸까요?
- 성공하기 위해, 더 그럴듯해 보이기 위해 뒤집어쓴 가면은 어떤 모습이었나요?
- 지금 내가 쓴 가면들이 있다면 어떤 것들인가요?
- 혹 벗어 버려야 하는데 계속 쓰고 있는 가면은 없는지요?

연극이 끝난 뒤에는 고대 그리스의 배우들도 커다란 가면과 키 높이 신발을 벗고 원래 자기 모습으로 돌아왔습니다. 변검술사 역시 분장실로 돌아오면 끈으로 연결된 모든 가면을 정리하고 본래 자기 얼굴을 드러냅니다.

화려한 가면을 벗는 순간 민낯이 초라해 보일 수도 있습니다. 그러나 내 참모습으로 돌아올 수 있다는 것은 정말 다행한 일입니다, 가면이 내 민낯에 완전히 붙어 버려 떼어 낼 수 없다면 더 이상 원래의 내 얼굴을 볼 수 없기 때문입니다. 그러면 가면에 붙어 버린 진짜 얼굴은 서서히 부패되어 흔적조차 없어질지도 모르지요.

우리나라 전통 가면극에서는 탈놀이가 끝나면 탈을 태웁니다. 용도를 다한 가면을 액운과 함께 다 태워 보내는 것이지요. 심리극에서도 극이 끝남과 동시에 보조 역할을 하던 보조 자아들의 몸을 털어 내는 '역할 벗기'라는 의식을 합니다. 의식을 통해 극에서의 역할이 아닌 현재의 나로 다시 돌아오는 것을 확실히 하기 위해서입니다.

한때 나의 일부였지만 이제는 헤어져야 할 가면이 있다면 그간의 수고를 치하하고 벗어 버립시다. 가면을 벗는다는 것은 한동안 빛 보지 못하고 가려졌던 내 민낯과 만나는 일입니다. 그늘진 내 민낯에 햇빛을 쏘이는 일입니다. 가면을 태운다는 것은 가면을 써야만 할 수 있는 역할을 그만하겠다는 뜻입니다. 앞으로는 가면을 쓰지 않고도 내 민낯으로 해야 할 일을 당연하게, 당당하게 하리라는 선언입니다.

불안이 삶을 자극할 때 기억할 것들
POINT

다짐

- 문제의 원인이 자신이라는 것을 인정하자니 너무 불편하고 수치스러울 때 남 탓으로 떠넘기게 된다.
- 누구 탓인지 제대로 가리는 것도 중요하지만, '탓'을 '덕'으로 바꾸는 용기 또한 필요하다.
- 통제할 수 없는 남 탓이라면 타산지석으로 받아들이고, 내 탓이라면 전화위복의 기회로 삼자.

이해

- 본래 마음과 정반대로 말하고 행동하는 건 속마음을 들키지 않는 가장 안전한 방법이기 때문이다.
- 비난에 앞서 내면을 헤아려 보는 애정 어린 호기심과 관심이 필요하다.

변화

- 부당한 공격을 당한 억울함과 분노는 쉽게 가라앉지 않는다. 그러나 수동 공격으로는 상대방에게 본래 의도를 직접적으로 전달할 수 없다.
- 수동 공격은 가하는 사람이나 당하는 사람 모두가 피폐해지게 마련이다.
- 솔직하게 할 말을 다 하면 뒷말할 필요도, 화가 쌓일 일도, 토라질 일도 생기지 않는다.

가치

- 흠모하는 대상을 동일시하고 싶은 마음은 누구에게나 있다. 사람들은 좋아하고 존경하는 사람의 일거수일투족을 닮고 싶어 한다.
- 어른이 된다는 것은 더 이상 동일시할 대상이 필요하지 않다는 것을 의미한다.
- 어떤 결점도 나의 고유성과 독자성을 흠집 낼 수 없다는 사실을 기억하자. 내가 동일시할 대상은 진정한 나 자신뿐이다.

역할

- 사회적 역할을 잘 수행하기 위해 그에 맞게 고안된 가면을 쓰는 것은 소속된 집단과 사회의 요구에 부응하기 위해 필요한 일이다.
- 오십에는 사회 규범과 남들에게 맞추는 페르소나에 의해 감춰진 자기 민낯을 볼 수 있어야 한다.
- 헤어져야 할 가면이 있다면 그간의 수고를 치하하고 벗어 버려야 한다.

내일도
성장하려는
마음가짐으로

오십의 **태도**

○ 오십을 키우는 단어들

존중

[존중] 명사.
높이어 귀중하게 대함.

사랑

[사랑] 명사.
어떤 사람이나 존재를 몹시 아끼고
귀중히 여기는 마음.

기억

[기억] 명사.
이전의 인상이나 경험을
의식 속에 간직하거나 생각해 냄.

상실

[상실] 명사.
어떤 사람과 관계가
끊어지거나 헤어지게 됨.

인정

[인정] 명사.
확실히 그렇다고 여김.

존중

다름과
틀림의 구분

현재 우리나라 전체 결혼 중에서 다문화 결혼의 비중은 10퍼센트가 넘습니다. 이웃에서 외국인 며느리, 외국인 사위를 흔히 볼 수 있고, 공장에서, 농장에서, 요양원과 각종 사업장에서도 외국인 노동자들의 인력이 중요한 역할을 맡고 있습니다. 현재 우리는 다문화 사회에서 다양성의 혜택을 주고받으며 살고 있습니다.

다문화 가정의 조부모가 손주 앞에서 단일 민족임을 자랑 삼는 일은 없겠지만, 어떤 사람들은 여전히 순혈주의와 단일성을 강조합니다. 민족적인 차원에서뿐만이 아니라 부부 관계에서도 단일성을 추구합니다. 그러한 생각이 반영된 것 중의 하나가 '부부일심동체(夫婦一心同體)'라는 착각입니다.

부부일심동체의 신화

부부일심동체라는 표현은 '반쪽씩 만나 하나가 된다'는 의미입니다. 이상적인 말로 들리지만 결혼해 본 사람이라면 이 말이 허상이라는 사실을 알 것입니다. 서로 다른 인격체가 만나 하나가 되기란 불가능하니까요. 그럴 필요도 전혀 없습니다. 다른 것을 굳이 똑같이 만들려면 많은 갈등과 분란이 생기게 마련입니다.

선거 때마다 말다툼하는 오십 대 부부가 있습니다. 남편은 아내에게 자신이 지지하는 후보에게 투표하라고 강요하고, 아내가 누구에게 투표했는지도 꼭 확인합니다. 만약 자신이 미는 후보와 일치하지 않으면 버럭 화를 낸답니다.

"부부는 일심동체인데 어떻게 나랑 다른 후보한테 투표할 수 있어?"

이렇게 말하며 심지어 이혼하자고까지 한 적도 있다고 합니다. 아무리 부부라도 각각의 인격체이니 정치적 성향 역시 다를 수 있습니다. 그런데도 부부일심동체라는 그럴듯한 명목 아래 자신과 똑같은 후보를 찍으라고 강요하는 것은 배우자의 선거권 침해입니다.

남편이나 아내 둘 중 하나가 큰 잘못을 저지르거나 어느 한쪽에 문제가 있어서 부부 싸움을 하는 경우보다, 서로의 다름을 틀림으로 인식함해서 싸우는 경우가 훨씬 많습니다. "집이 왜 이렇게 더워?" 하면서 에어컨을 켤 때, "덥기는 뭐가 덥냐"면서 곧바로 에어컨을 꺼 버리면 싸움으로 번지겠지요. 서로 체질이 다름을 배려하지 못하고, 나만 옳고 상대방이 틀리다고 고집하는 셈입니다.

이런 부부는 서로 자신이 옳으니 네 생각과 행동을 고치라고 요구합니다. 다름이 아니라 틀림으로 인식한다는 말을 달리 표현하면, '나는 옳고 너는 그르다'고 차등화하는 것입니다. 이러면 한쪽은 우월하고, 나머지 한쪽은 열등한 관계가 되니 부부 사이가 평등해질 수 없습니다. 다시 말해, '내가 옳고 우월하니 틀리고 열등한 네가 나를 따르라'고 요구하는 것입니다. 그래서 부부 상담을 하다 보면 서로의 다른 부분을 있는 그대로 수용하기만 해도 문제가 쉽게 해결되는 모습을 흔히 볼 수 있습니다.

부부이심이체

부부는 결혼 전 이심이체(二心二體)였고, 결혼 후에도 마땅히 이심이체여야 합니다. 젓가락 같은 사물은 똑같은 것끼리 한 쌍을 이루지만, 사람은 기계에서 찍혀 나오듯 똑같을 수 없습니다. 부부가 한 쌍을 이룬다는 말뜻은 똑같아지는 것이 아니라 다르면 다른 대로 조화롭게 쌍을 이루어 간다는 것입니다. 진짜 조화로운 관계는 똑같아지려 서로의 다름을 중화시키지 않습니다. 다름을 오히려 상대방의 장점으로 받아들이고, 각자의 특성으로 키웁니다.

　배우자가 나의 부족한 반쪽을 채워 준다는 생각도 큰 오산입니다. 쉘 실버스타인(Shel Silverstein)의 《어디로 갔을까 나의 한쪽은》이라는 동화는 이 빠진 동그라미가 주인공입니다. 동그라미는 천신만고 끝에 잃어버린 자신의 조각을 찾습니다. 드디어 완전한 동그라미가 되었다고 생각하며 기뻐하지만, 자신이 처음 생각한 대로의 동그라미가 아니었습니다. 결국 진정한 자신의 일부를 찾아 다시 여행을 떠납니다.

　내 부족함만 채워 주고, 완벽한 반쪽이 되어 줄 배우자는 이 세상 어디에서도 찾을 수 없습니다. 나는 세상에 단 하나뿐인 존재이므로 나를 온전하게 채울 조각은 다른 사람에게서 찾을 수 없습니다. 부족한 부분은 배우자가 아니라 내 안에서 찾아야 합니다. 부족한 사람끼리 만나, 각자 자신의 부족한 부분을 스스로 옹글게 채워 가도록 서로 돕고 의지하는 관계가 진짜 부부입니다.

어떻게 다른지 묻고 답하기

사람은 서로 달라도 너무 다릅니다. 서로의 다름을 배우지 않으면 수십 년을 같이 살아도 그저 남입니다. 배우자가 나를 몰라준다고 섭섭해하기 전에 나는 상대방에 대해 얼마나 알고 있는지 질문할 필요가 있습니다. 배우자가 독심술사도 아닌데 원하는 것을 몰라준다고 "꼭 말해야 아나?" 하고 핀잔을 주지는 않습니까? 내 속도 모르는데 배우자의 속은 더 모를 수밖에 없습니다. 무엇을 원하는지 말하지 않으면 모르는 것이 당연합니다. 모르면 물어보고, 물어보면 명확하게 말해 주어야 합니다.

존 그레이(John Gray)는 《화성 남자와 금성 여자를 넘어서》에서 지금은 과거 그 어느 때보다 남자와 여자가 다르며, 각자의 욕구도 다르고, 서로 다른 지지를 필요로 한다고 말했습니다. 부부는 성별의 차를 넘어서 각 개인의 다름을 잘 알고 그에 맞추어 서로 지지를 주고받아야 합니다. 다름을 존중하지 않을 때 문제가 생기니까요.

부부의 문제는 사회 문제로 확장될 수 있습니다. 부부는 사회의 가장 기초 단위인 가정의 중심이기 때문입니다. 서로의 다름을 색다르게 바라보는 '다름 인지 감수성'이 있어야 부부의 세계가 평화롭습니다. 다음의 말들을 다시 한번 천천히 되새기며,

오십 이후의 부부관계를 어떻게 꾸려나갈지 생각해 보면 좋겠
습니다.

- 다름을 틀린 것으로 보면 우열이 생기고 지배와 피지배의 관
  계로 갈라집니다.
- 다름은 서로에게 경이로움을 가지고 새롭게 배우며 이해하
  는 것입니다.
- 다름을 이해하면 서로 비교하지 않습니다.
- 다름은 삶을 풍요롭게 하는 다양성입니다.
- 나와 다른 것을 차별하거나 혐오하지 않고 있는 그대로 존중
  합니다.
- 다름은 분열을 가져오지 않습니다. 각기 다른 조각들이 모여
  큰 퍼즐을 완성합니다.

사랑

원하는 것을 주려는 마음

'사랑한다는 말은 천만 번 들어도 기분 좋다'는 어느 노래 가사처럼, "사랑해"라는 말은 아무리 들어도 질리지 않는 말일 것입니다. 실제로 2017년 서울시여성가족재단이 진행한 온라인 설문 조사에 의하면 서울 시민이 가장 듣고 싶은 말 1위는 "사랑해"입니다.

내가 원하는 방식으로 사랑할 때 생기는 문제들

인간이라면 남녀노소를 가리지 않고 누구나 "사랑해"라는 말을 듣고 싶어 합니다. 쑥스러워 사랑한다고 말하지 못하는 사람도 "사랑해"라는 말을 듣고 싶어 하는 것을 보면, 사랑은 모든 사람의 기본 욕구임이 분명합니다. 동서고금의 현인들이 "인간관계 속에서 생기는 모든 문제의 원인은 사랑이고, 또 모든 문제의 해답도 사랑"이라고 한 데는 다 이유가 있나 봅니다. 그러고 보면 인생이란 끊임없이 사랑을 주고받는 연속선상에 있습니다. 다른 사람으로부터 사랑받고, 받은 사랑을 에너지원 삼아 또 다른 사람을 사랑하며 하루하루 사는 것이 우리에게 주어진 인생의 참모습인 듯싶습니다.

우리가 사랑을 주고받을 때 쉽게 놓치는 문제가 하나 있습니다. 사람은 서로 다 다르다는 사실입니다. 상대방은 나와 다르다는 사실을 생각하지 않으면 기껏 사랑을 퍼 주고도 좋은 소리를 듣지 못합니다. 특히 부모의 자식 사랑이 이런 실수를 범하기 쉽습니다. 상대방이 원하는 방식이 아니라 내가 원하는 방식으로 사랑하기 때문입니다.

상대방이 원하는 방식으로 사랑해 주기

서울에서 직장 생활하는 딸에게 반찬을 만들어 주기 위해 일주일에 한 번씩 지방에서 올라오는 어머니가 있습니다. 어머니는 딸을 위한 밑반찬들을 만드느라 서울에 와서도 쉴 틈이 없습니다. 하지만 딸은 그런 엄마가 하나도 고맙지 않습니다. 왜 그럴까요? 딸은 엄마와 분위기 좋은 찻집에 가서 서로의 마음속 이야기를 나누고 싶습니다. 그런 시간을 통해 엄마에게 좀 더 친밀감을 느끼고 싶습니다. 하지만 엄마는 엄마대로 몸에 좋은 반찬들을 만들어 줌으로써 딸을 향한 자신의 사랑을 표현하고 싶어 합니다. 이렇게 서로 다르다 보니 모녀 사이는 늘 삐걱댑니다.

또 다른 가족의 이야기입니다. 아들이 운전하여 여행을 갔다가 돌아오는 차 안에서 아버지는 혼잣말처럼, "아들이 운전해 줘서 오늘 아빠가 편하게 갔다 왔구나" 하고 말했습니다. 그 말이 끝나자마자 기다렸다는 듯이 아들은 이렇게 답했습니다.

"아빠, 바로 그거예요. 아빠가 그렇게 말해 주시니까 정말 힘이 나요. 이런 말이 돈이 드는 것도 아니고 그야말로 가성비 갑이잖아요."

예상치 못한 아버지의 칭찬 한마디에 아들은 기분이 너무 좋아 흥분한 모습까지 보였습니다. 평소 아들과의 대화가 원만하지 못하던 부부는 아들이 말로 인정과 사랑을 표현해 주는 것을 얼마나 좋아하는지 깨달으며 아들을 더 깊이 이해하게 되었습니다.

베푸는 쪽에서 생각하는 최고의 사랑 표현이 받는 쪽에서는

최악일 수 있습니다. 예를 들어, 몸보신을 하려 이름난 삼계탕
집에 갔는데, 상대방이 채식주의자일 수 있습니다. 친구에게 생
일 선물로 내가 좋아하는 빨간색의 모자를 선물했는데, 빨간색
은 그 친구가 가장 싫어하는 색일 수도 있지요. 사람마다 좋아
하는 것이 모두 다르다는 것을 미처 생각지 못하고 나에게만 좋
은 것을 베푸는 일은 부담만 안겨 주는 일일 수도 있습니다.

서로 다른 사랑의 언어

세계적인 상담가인 게리 채프먼(Gary Chapman) 박사는 일찍이
사랑을 주고받는 방식에 관심을 가진 전문가입니다. 그는 "아무
리 사랑을 주어도 상대방이 원하는 방식이 아니면 그 사람은 사
랑받는다고 느끼지 못한다"고 말했습니다. 그러면서 사람들이
주고받는 사랑의 다섯 가지 유형을 제시했습니다. 인정하는 말
하기, 선물하기, 함께하기, 스킨십, 봉사 주고받기입니다.

간혹 상담 중에 이런 말을 듣습니다. 자신이 큰 어려움을 헤
치고 여기까지 올 수 있었던 것은 "나는 네가 잘 해내리라 믿는
다"던 엄마의 말씀 때문이라고요.

이런 이야기도 있습니다. 요양 병원에서 늘 누워 생활하던 한
어르신은 어느 날 편지 한 통을 받은 후 몸 상태가 눈에 띄게 좋

아졌습니다. 그 편지는 초등학교 교사였던 어르신의 제자에게서 온 것이었습니다. 편지에는 어려운 형편의 자신에게 선생님이 간식과 학용품을 사 주면서 베풀었던 사랑이 고마워 공부를 포기하지 않았다는 내용이 담겨 있었습니다. 어르신은 머리맡에 제자의 편지를 두고 매일 읽으면서 살아갈 힘을 얻었습니다.

　사랑의 언어가 '인정'인 사람들은 이 사례들처럼 말이나 글로 보내는 칭찬이 큰 위력을 발휘합니다. "운전해 줘서 고맙다"라는 말 한마디에 기분이 좋아진 아들의 사랑의 언어는 인정하는 말이라고 할 수 있겠지요. 이처럼 상대방이 원하는 말로 표현하는 것만으로도 사랑을 전달할 수 있습니다.

　'선물'이 사랑의 언어인 사람들은 크고 작음에 상관없이 받은 선물을 통해 자신이 사랑받고 있다고 느낍니다. 선물에 담긴 상대방의 정성스러운 마음을 사랑이라고 생각하는 것이지요.

　한편, '함께하기'에서 사랑을 느끼는 사람도 있습니다. 딸을 위해 반찬 만드느라 잠시도 쉬지 않던 엄마와 그저 함께 시간을 보내고 싶어하던 딸의 사례에서처럼, 어떤 목적이 있어서가 아니라 그저 함께 있는 것으로 존재가 인정받고 사랑받는다고 느끼는 사람들이 있습니다. 이때 함께한다는 것은 단순히 한 공간에 같이 있다는 의미가 아닙니다. 앞에 있는 사람에게 아무 주의도 기울이지 않고 스마트폰을 하는 등의 영혼 없는 함께하기

는 의미가 없습니다. 온 마음을 열고 서로에게 집중할 때 상대
방은 사랑받는다는 느낌을 받습니다.

그런가 하면 '스킨십', 즉 신체적 접촉으로 자신이 사랑받음을
느끼는 사람들이 있습니다. 손 잡기나 안아 주기처럼 유난히 살
맞대는 것을 좋아하는 사람들이지요.

마지막으로 '봉사'받는 것이 사랑의 언어인 사람들이 있습니
다. 봉사란 자신이 해야 할 일을 누군가 대신해 주는 것입니다.
봉사받는 것이 사랑의 언어인 사람은 배우자가 자신의 우편물
을 가져다 준다거나 자기 몫인 집안일을 요청하기도 전에 대신
해 줄 때 사랑받는다고 느낍니다.

사람은 각자 다른 사랑의 언어를 가지고 살아갑니다. 사랑을
주기에 앞서 나와 상대방의 사랑의 언어가 무엇인지 사전 정보
가 필요합니다. 원하는 대로 사랑해 주지 않는다고 불평만 하지
말고, 내 사랑의 언어를 상대방에게 구체적으로 알려 줍시다.
그리고 내가 원하는 방식으로 사랑해 달라고 요청할 수 있어야
합니다.

상대방이 무엇을 원하는지도 모르면서 무턱대고 내 방식의
사랑을 쏟아붓지 말고, 원하는 것을 먼저 물어 봅시다. 서로의
언어에 맞추어 줄 때 비로소 사랑다운 사랑을 주고받게 되지 않
을까요?

기억

나와 타인의
연결점을 찾아서

기억은 사람마다 조금씩 다를 수 있습니다. 혹은 엄청나게 다를 수도 있습니다. 똑같은 사건을 함께 경험하더라도 선택적으로 보고, 주관적으로 느끼며 해석하기 때문입니다. 뇌라는 고유한 프리즘을 통과하면서 사건은 사람마다 다르게 굴절되어 저장됩니다. 기억이 인출되는 과정에서도 저마다 서사 방식이 다르기 때문에 다른 이야기를 합니다. 이에 신경과학자인 대니얼 레비틴(Daniel Levitin)은 "기억은 '재생'이 아니라 '고쳐 쓰기'하는 불완전한 것"이라고 말했습니다.

서로 다른 기억 때문에 분쟁이 생기면 종종 "그게 아니면 내 성을 갈겠다", "내 손에 장을 지진다"며 기억력 내기를 하는 모습을 볼 수 있습니다. 사람마다 다 다르게 기억하는 속성을 고

려한다면 내 기억만 맞다고 확신하며 장담하거나 단정 짓는 행동은 하지 않는 것이 좋을 듯합니다.

사람마다 기억이 다르다는 사실은 기억을 얼마든지 조작하고 또 왜곡할 수 있음을 말해 줍니다. 엘리자베스 로프터스(Elizabeth Loftus)라는 심리학자는 수많은 실험을 통해 이런 실례를 보여 줍니다. 몇 가지 실험 결과를 소개하겠습니다.

한 실험에서 신호등이 설치된 건널목을 무심코 지나온 사람들에게 "조금 전 교통 신호등이 노란색이었느냐?"고 질문했습니다. 말로 신호등이 노란색이리라 암시한 것이지요. 실험에 참여한 사람들은 대부분 "노란색이었다"고 대답했는데, 실제 신호등 색깔은 빨간색이었습니다.

또 다른 실험에서는 복면을 한 남자가 텅 빈 거리에 등장하는 영화를 보여 주고 "이 남자의 얼굴에 수염이 있던 것을 기억합니까?" 하고 묻는 것이었습니다. 실험 참가자들은 영화 속의 남자가 복면을 했음에도 불구하고 대부분 수염이 있었다고 답했습니다. 복면을 했는데 수염이 있었는지 없었는지 어떻게 알겠어요?

이 실험으로 우리는 어떻게 질문하느냐, 또 어떻게 이해했느냐에 따라 기억이 얼마든지 변형될 수 있다는 사실을 알 수 있습니다. 더불어 사람마다 자신의 느낌과 이해가 덧붙여지기 때문에 같은 현상도 모두 다르게 기억합니다.

술집에서 꽃병을 깰 수도 있지 않을까?

어떤 강사가 수업 시간에 학생들에게 두 대의 차가 살짝 부딪친 사진을 보여 주었습니다. 다음 수업 시간에 지난주 보여 준 사진에 대해 물었는데, 학생들은 실제 사진과 아예 다른 황당한 대답을 했습니다. 이를테면 "차가 서로 부딪쳐서 유리가 깨졌고 사람도 다쳤어요" 하는 식으로 전혀 다르게 기억한 것입니다. 지난주 사진은 차가 살짝 부딪친 장면이었지만, 이번 주에 그 기억을 꺼낼 때는 "차가 부딪치면 유리도 깨질 수 있고 사람이 다칠 수도 있지"라는 생각이 덧붙여졌기 때문입니다. 그런 의미에서 '기억은 능동적'입니다.

술집에서 누군가 병을 깨서 다쳤다는 소식을 듣는다면, 다들 술병이 깨졌다고 생각할 것입니다. 술집이라고 말했으니까요. 그렇지만 술집에 꼭 술병만 있는 것은 아닙니다. 술집에서 꽃병을 깰 수도 있지요. 그런데 이런 답이 나온 이유는 "술집에서 병을 깨서 다쳤다"는 말을 듣는 순간 기존의 지식이 개입되면서 술집에 있는 병을 모두 술병으로 바꾸어 생각하기 때문입니다.

어떤 현상이든 뇌에 저장될 때는 편집과 재구성의 과정을 거칩니다. 따라서 들어간 정보와 나오는 정보가 완전히 다를 수 있습니다. 다시 말해 뇌에 저장된 현상을 기억으로 끄집어 낼 때는 사람마다 다 다른 사전 정보, 즉 기존의 생각이나 감정 또는 느낌이 작용한다고 볼 수 있습니다. 사람에 대한 기억은 어떨까요? 한 사람에 대한 기억도 사람마다 다릅니다. 우리가 누군가를 기억할 때, 그 사람의 모든 것이 아니라 어느 부분만 기억하기 때문입니다. 샴쌍둥이조차 서로를 완벽하게 기억할 수는 없지요.

기억 조각 이불*

복순 씨는 군대에 간 아들을 억울하게 잃었습니다. 아들과 사별한 지 몇 년 후, 어느 자선 단체에서 아들의 생일잔치를 열어주었습니다. 재능 기부자들이 시를 창작하고, 낭독하고 손수 만든 생일 케이크까지 배달되었습니다. 안락하게 꾸민 장소에는 아들의 유품이 전시되었고요. 아들이 어릴 때 쓴 동시들, 일기, 사진, 옷가지 등을 통해 사람들은 복순 씨 아들에 대한 새로운 기억을 몸과 마음에 담았었습니다.

● 위 사례는 군피해치유센터 〈함께〉의 설립자인 공복순 씨의 이야기로, 본인의 승낙을 받아 실명을 썼습니다.

참석한 가족과 친지, 아들의 친구와 선후배들이 기억하는 것들을 말했습니다. 공통점도 있었지만, 모두 다른 기억입니다. 복순 씨는 그 기억 조각들이 모여, 자기 기억과 또 다른 아들의 모습이 새롭게 만들어지는 것을 보았습니다. '내 자식은 누구보다 내가 가장 잘 안다'는 어미로서의 신념이 깨진 순간이었습니다. 아들은 누군가의 둘도 없는 친구였고, 재롱둥이 조카였고, 다정다감한 연인이었습니다. 가끔은 엉뚱한 후배였고, 호쾌하게 밥을 사 주던 선배였습니다.

아들을 잃은 자신의 아픔만 생각하느라 미처 돌아보지 못하던 다른 이들의 아픔에 복순 씨의 마음이 아려 왔습니다. 기억을 나눈다고 슬픔이 줄어들지는 않았지만, 분명 예전과는 달라진 슬픔의 질감을 느낄 수 있었습니다. 망각할 수 없는 기억의 연대가 주는, 고통 너머의 무언가로 인해 생일잔치 공간은 가슴 뭉클한 일렁임으로 가득 찼습니다. 기억은 사람마다 다르고 불확실하며 부분적이지만, 서로 공유하면 한계가 줄어들고 조금 더 온전하게 통합됩니다.

나이가 들면 가까운 이들과의 사별이 잦아집니다. 사별의 상실로 고통스러워하는 사람에게 많이들 "다 잊어버려. 세월이 약이야"라고 말하지만, 당사자에게는 이런 말이 별 위로가 되지 않습니다. 소중한 사람에 대한 기억은 노력한다고 지워지지 않습니다.

노벨 생리의학상을 탄 에릭 캔델(Eric R Kandel)은 "기억을 잃으면 우리는 과거를 재생하는 능력을 잃고, 그 결과로 자신과의 연결은 물론이고 타인과의 연결을 잃는다"고 이야기했습니다. 한 사람에 대한 내 기억은 다른 사람들이 기억하는 것과 또 다른 특별한 것이기 때문에 노력까지 하면서 지워 버리기에는 너무나 소중합니다.

복순 씨는 가슴에 묻어 둔 아들에 대한 기억 조각들을 하나씩 펼쳐 봅니다. 기분 좋고 흡족한 기억도 있지만 후회와 자책, 원망과 애달픔이 묻어나는 기억도 있습니다. 거기에 지인마다 다른 아들의 기억들을 덧붙이며 온전한 아들의 모습이 담긴 기억 조각 이불을 만듭니다. 이 기억 조각 이불은 복순 씨의 '안전 담요(security blanket)'가 될 것입니다. 아들의 살갗이 너무도 그립고, 가닿고 싶은 간절함으로 내젓던 무수한 헛손질들, 그 마음을 포근히 덮어 줄 '안전 담요'. 아들이 복순 씨에게 준 최고의 선물입니다.

상실

마음의 맷집을
키우는 연습

'인생은 고난의 연속'입니다. 그 이유를 주의 깊게 들여다보면 우리는 늘 다양한 종류의 '상실'을 경험하며 상실의 고통 속에서 살아가기 때문입니다. 그래서 인생은 고난의 연속이라는 말은 '인생은 끊임없는 상실의 연속'이라고 바꾸어 말할 수도 있겠습니다.

인생의 전환점에서

오십이 넘으면서부터 그 어느 때보다 상실의 경험이 두드러지기 시작합니다. 신체적 노화는 이십 대 후반부터 시작되지만 오십 대가 되면 노안이나 흰머리, 혹은 목주름 등의 가시적인 변화가 확연히 드러납니다. 오십 즈음은 인생 주기상 다양한 상실을 경험하는 동시에 전환점이 되는 시기입니다. 이때부터 이전과는 다른 자신만의 일을 찾아 새롭고 활기차게 살아가는 사람이 있습니다. 반대로 상실과 함께 자신의 삶이 추락한다고 우울해하는 사람도 있습니다.

후자의 경우 우울한 이유 중 하나는 과거에 일어난, 혹은 현재 경험하는 상실을 충분히 애도하지 못했기 때문입니다. 상실의 경험으로 생기는 대표적인 감정은 슬픔입니다. 이 슬픔을 풀어내고 새롭게 적응하는 과정이 애도입니다. 슬픔을 소화하지 못하고 계속 붙들려 있으면 우울할 수밖에 없습니다.

상실로 인한 고통에는 슬픔 외에도 분노와 죄책감 등 다양한 감정을 포함됩니다. 이런 감정들을 억제하거나 피하지 않고 그대로 드러내는 것이 애도입니다. 적절하게 상실감을 표현해야 상실의 상황을 있는 그대로 받아들일 수 있습니다. 스스로 상실을 인정하고 받아들여야 그로 인한 격한 감정들의 조절이 가능해집니다.

애도의 목적은 상실의 극복이 아닙니다. 이미 잃어버린 것을 극복한다는 말은 어폐(語弊)가 있습니다. 애도의 목적은 상실감을 다루고 상실과 함께 살아가는 데 있습니다. 모든 상실에 애도의 과정이 필요한 까닭입니다.

나는 지금 어떤 종류의 상실을 경험하고 있는가?

지닌 것을 잃어버리는 일은 모두 상실입니다. 아끼는 물건을 잃어버렸다면 물질적 상실을, 소중한 대상을 잃어버렸다면 관계의 상실을 겪은 것입니다. 자신감을 잃어버리는 정신적·내적 상실이 있는가 하면, 노화나 질병으로 인한 신체 기능의 상실도 있습니다. 상실의 종류는 다양합니다. 그렇다면 나이 들면서 겪는 상실에는 어떤 것이 있을까요?

먼저 역할 상실입니다. 자녀가 성인이 되어 독립하면 양육자로서의 역할은 더 이상 필요하지 않습니다. 마냥 주기만 하던 부모의 역할에서 오히려 이것저것 보살핌 받는 입장이 되는 것이 왠지 불편하게 느껴질 수도 있습니다. 특히 전업 주부로 살아온 오육십 대 여성의 경우 자녀들이 성장하면 그동안 자신에게 삶의 의미를 부여해 준 자녀 양육이라는 역할 상실로 인한 어려움을 겪기도 합니다.

직장에서의 은퇴도 역할 상실입니다. 심리학자 에릭 에릭슨 (Erik Homburger Erikson)은 중년기의 발달 과업을 "생산성의 확립" 이라고 말했습니다. 생산성이란 이 세상에 무언가 의미 있는 것을 남긴다는 뜻입니다. 은퇴는 그동안 몸담은 생산적인 직무와 직위의 상실입니다. 은퇴로 인한 생산자로서의 역할 상실은 한국의 오십 대 이상 가장에게는 특별히 위기로 작용할 수도 있습니다. 생산 활동에서의 역할 상실은 곧바로 경제력 상실로 이어지기 때문입니다. 동시에 인간의 기본 욕구 중 하나인 소속감도 박탈당합니다.

은퇴 후 새롭게 자신만의 무언가를 찾기 위해서는 먼저 은퇴로 인한 상실감을 잘 다룰 수 있어야 합니다. 은퇴로 인한 상실감이 누군가에게는 허망함이지만, 또 다른 누군가에게는 그간의 힘들고 지겨운 노동에서 해방되는 홀가분함입니다.

상실감은 사람마다 다 차이가 있습니다. 물론 공통점도 있습니다. 역할 상실 이후의 감정은 후련하지만 아쉬운, 긍정과 부정이 혼재된 양가감정(兩價感情)입니다.

양가감정을 잘 다루려면 다른 사람과 충분히 상실의 경험을 나누는 과정이 필요합니다. 다른 사람으로부터 그동안 성실하게 직장 생활 해 온 것을 충분히 인정받고, 실수나 잘못에 대해서는 사과하면서 서로 화해하는 시간을 가지는 과정이 도움이 됩니다. 이를 통해 상실의 의미를 찾으면 역할 상실로 인한 침체에서 벗어날 수 있습니다. 더불어 역할 상실이 곧 생산성의 종말을 고하는 것은 아닙니다. 또 다른 역할 창출을 위한 시작이 될 수도 있으니까요.

역할 상실은 자존감에도 많은 영향을 미칩니다. 예를 들어, 대학 동기가 유명해져 TV에 자주 등장하는 것을 볼 때, 초등학교 시절 콧물 찔찔 흘리며 정말 별 볼 일 없던 친구가 현재는 중소기업 사장으로 떵떵거리는 모습을 볼 때, 현재 하는 일도 없고 소속된 곳도 없는 나는 한없이 쪼그라듭니다. 게다가 다들 자식 농사를 잘 지었다며 만날 때마다 자식 자랑하느라 열 내는 것을 보면 자신이 너무 초라하게 느껴집니다. 비교만 하지 않으면 자신도 나름 괜찮은데 말입니다.

　오십 이후에는 역할 상실과 더불어 수많은 관계의 상실을 경험합니다. 특히 나이 든 부모와의 사별은 누구도 피할 수 없습니다. 선배나 친구들의 병사로 인한 사별도 늘어납니다. 이혼도 관계 상실의 하나입니다.

　오십 이후의 이혼은 오랫동안 배우자와 함께 나눈 정서의 상실을 동반하기 때문에 더욱 심리적 고통이 큽니다. 꼭 법적 이혼이 아니더라도 한 지붕 두 가족처럼 물리적으로만 한 공간에 있고, 정서적으로는 이미 이혼한 사이로 사는 중년들도 늘어나는 추세입니다. 이런 관계의 변질로 야기된 소통 차단은 상실과는 또 다른 고통을 줍니다.

　그 밖에도 건강이 점점 나빠져서 발생하는 신체 기능의 상실도 있습니다. 아픈 몸 때문에 더 이상 경제 활동을 할 수 없는데 가족에게 돌아갈 부담까지 더해져서 고통의 무게감이 더해집니다. 아울러 현재 심각한 신체 기능의 상실을 겪지 않더라도 예견된 신체 기능의 상실을 향한 염려와 불안이 큰 사람들도 있습니다. 어떤 이들은 잘 걷지 못하고 남에게 의존하는 사람을 보는 것만으로도 우울해합니다.

애도를 표현해야 하는 이유

상실감은 충분히 표현하고 애도해야 하는데, 그러지 못하게 만드는 이유들이 있습니다. 예를 들면 반려동물의 죽음으로 인한 관계 상실의 경우가 그렇습니다.

반려동물에 대한 생각은 사람마다 다르고 관계를 맺는 양상도 다릅니다. 반려동물과 함께 생활하며 특별한 교감을 경험한 사람에게 반려동물과의 사별은 가족과의 사별과 다르지 않습니다. 반려동물은 가족 같은 존재이기 때문입니다. 그런데 주변에서 "짐승 가지고 유난 떤다"와 같은 식으로 비난한다면 당당하게 슬픔을 표현하기 어렵습니다.

이런 사례도 있습니다. 자녀가 동거 중 사별했는데, 부모가 동거를 부정적으로 생각해서 자녀의 죽음을 주변에 알리지도 못했다고 합니다.

가장 안타까운 것은 자살 유가족이 겪는 상실의 고통입니다.

모든 죽음은 이유를 떠나서 그 자체로 존중되어야 하지만, 자살은 잘못된 죽음이라는 사회적 인식 때문에 유가족이 마음 놓고 애도하기 힘듭니다.

　우리는 매순간 상실을 경험합니다. 머리카락 한 올이 빠지는 상실에서부터 소중한 사람을 영원히 잃는 사별의 상실까지, 수 없는 상실을 겪어 왔고 앞으로도 다양한 상실과 마주할 것입니다. 다행인 것은 상실과 함께 새롭게 얻는 것도 있다는 사실입니다. 예를 들어 회사에서 부장이라는 역할은 상실했지만, 손주 덕에 할아버지라는 역할이 생기기도 합니다. 암으로 건강을 잃었지만, 환우 모임에서 평생 친구를 얻기도 합니다.

　슬픔, 억울함, 분노, 죄책감, 수치심 등 상실로 인한 감정을 제대로 드러내지 못하면 그 감정들의 수렁에 갇힙니다. 그러면 나에게 다가오는 새로운 것들을 전혀 인지할 수 없습니다. '표현하는 애도'가 필요한 이유입니다.

인정

'심'과 '감'의
차이 생각하기

만약 500 피스짜리 퍼즐 조각이 따로따로 흩어진 모습을 보면 어떨까요? 아무 의미도 없는 그림처럼 보이겠지요. 하지만 하나씩 제자리를 찾아 완성된 모양을 보면 어떤 모양이든 "와!" 하는 탄성이 절로 나올 것입니다. 꽃 모양이든 동물 모양이든 아니면 또 다른 모양이든 완성된 그림은 정말 멋질 테니까요.

퍼즐 한 조각의 중요성

퍼즐을 맞출 때 꼭 기억해야 하는 것이 있습니다. 첫 번째는 한 조각이라도 없으면 완성되지 않는다는 사실입니다. 이 세상도 마찬가지입니다. 이 세상이라는 퍼즐에서 나 하나가 없어지면 세상은 온전하다고 볼 수 없습니다. 이 세상은 유기체처럼 서로 연결되어 늘 서로 영향을 주고받기 때문입니다. 그래서 한 사람, 한 사람이 모두 소중합니다.

두 번째는 퍼즐 조각이 중앙에 자리 잡았는가, 아니면 귀퉁이에 자리 잡았는가 하는 것은 별로 중요하지 않다는 것입니다. 중요한 것은 퍼즐 조각이 '자기 자리'에 있어야 한다는 것입니다. 나도 마찬가지입니다. 만약 연극 동아리에서 공연하기로 했다면, 다들 맡고 싶은 배역이 따로 있을 것입니다. 누구나 주인공처럼 돋보이는 배역을 맡고 싶어 하겠지요. 하지만 한 편의 연극이 완성되려면 내 배역의 비중보다 최선을 다해 맡은 역할을 충실히 해내는 것이 더 중요합니다. 그럴 때 비로소 관객들에게 감동을 주는 연극이 되니까요.

우리에게도 각자 맡은 역할이 있습니다. 내가 바꿀 수 있는 역할도 있지만, 바꿀 수 없는 역할도 있습니다. 마음대로 바꿀 수 없고 흡족하지 않더라도 나에게 맡겨진 역할을 최선을 다해 수행할 때, 내가 속한 가정 또는 사회도 서로 협력해 점점 아름다운 모습으로 변화할 것입니다.

마지막으로 퍼즐 조각은 비교할 수 없습니다. 한 조각, 한 조각이 다 소중합니다. 어떤 모양인가, 혹은 어떤 색상인가는 별로 중요하지 않습니다. 마찬가지로 인간도 누가 더 우수하다고 할 수 없습니다. 그럼에도 우리가 사는 세상은 온통 '비교'로 그 득합니다.

과일이나 생선처럼 비교로 상품 가치가 정해지는 것은 그렇다 쳐도, 애초부터 비교가 불가한 한 명의 사람을 이런저런 틀로 비교합니다. 운동에 높은 가치를 두는 곳에서는 운동을 못하면 인정받지 못합니다. 공부를 잘하는 학생들이 주로 참여한 모임에 예술적 재능은 뛰어나지만 공부는 못하는 학생이 들어간다면 위축될 수밖에 없습니다. 하지만 이렇게도 생각해 볼 수 있습니다. 예전 농경 사회에서는 먹고살기 위해 많은 힘을 써야 했기에, 요즘처럼 사무 처리에 재능 있는 사람들이 부러움의 대상은 아니었을 것입니다.

다름을 다름의 자리로 원위치 시키기

'다름'과 관련해 '비교'는 중요하지 않은 단어입니다. 그런데도 서로 다른 사람들로 구성된 이 사회에서 가장 많이 행해지는 것이 비교입니다. 한 쪽으로 치우친 비교의 틀을 만들고, 비교할 수 없는 것들을 그 틀에 억지로 끼워 넣어 사람들을 줄 세웁니다. 그런 일이 수없이 반복된 결과 사람들은 자기 자신을 별로라고 여기게 되었고, 기쁘게 살아가지 못합니다.

　육십을 앞둔 어느 여성분은 음식을 정말 잘합니다. 예전에 건설 현장에서 식당을 운영했는데, 지금도 백 명이 먹을 된장국의 각종 재료를 얼마나 사고, 어떻게 간해야 할지 잘 알고 있습니다. 그런데도 늘 위축되어 있습니다. 초등학교밖에 나오지 못한 자신을 별 볼 일 없는 사람으로 여기기 때문이지요. 그러면서 늘 배운 사람이 부럽답니다. 이분의 음식 솜씨는 그림 잘 그리는 사람만큼이나 대단한 재능인데 말입니다.

　우리는 이미 비교에 길들어 서로의 다름을 감탄과 놀라움으로 바라보기가 어렵습니다. 다름을 다름으로 인정하는 태도, 즉 다름을 다름의 자리에 원위치 시켜야 합니다. 그래야 비로소 구겨진 '자존감'이 회복됩니다.

자존심에서 자존감으로

　많은 사람이 '자존심'을 '자존감'으로 착각합니다. 실제로 자존심과 자존감의 차이는 하늘과 땅 차이만큼이나 큽니다. 남과 비교해 자신이 괜찮은 사람으로 느껴지는 것은 자존심입니다. 다른 사람과 비교하지 않고 스스로를 괜찮은 사람으로 여기는 것은 자존감입니다.

　조금 더 구체적으로 설명하면, 자존심은 순간적으로 기분 좋

을 수 있지만 평생 자신을 힘들게 합니다. 남과 비교해 느끼는
행복은 지속될 수 없기 때문입니다. 어떤 기록이든 매번 갱신되
듯이, 비교만 하다 보면 내가 원하는 것, 즉 행복을 넘어서는 일
이 늘 발생합니다.

아들이 남들보다 공부를 잘해서 늘 일등이라면 그 엄마는 행
복할까요? 그런데 아들보다 공부를 못하던 친구 아들이 원하던
대학에 가고 아들은 원하는 대학에 가지 못했다면 어떨까요?
공부를 잘한 아들을 있는 그대로 인정하지 못하고 대학에 잘 간
친구 아들과 비교하다 보니 이 엄마에게는 아들이 괜찮아 보이
지 않습니다.

이번에는 아들이 열심히 노력해 좋은 직장에 들어갔습니다.
그 기쁨도 잠시뿐, 얼마 후 친구 아들은 더 좋은 직장에 취업했
습니다. 그 후 친구보다 예쁘고 부유한 집안의 며느리를 얻어서
어느 정도 자존심이 보상받은 듯했습니다. 그런데 오랫동안 기
다려서 얻은 손자에게 문제가 생겼습니다. 자폐증 진단을 받은
것입니다. 이에 자존심은 또 추락하고 말았습니다.

남과 비교만 하다 보면 자존심에 끌려 다니느라 자존감이 높
아질 수 없습니다. 때로는 병상에 누워서까지도 "나는 아들 덕
에 이렇게 좋은 병원에 입원할 수 있었다"라며 말도 안 되는 비
교를 하기도 합니다. 남들이 볼 때는 아무리 상황이 괜찮은 사
람이어도 남과 비교한다면 결코 행복할 수 없습니다.

비교를 멈추면 자존감이 회복된다

그럼 어떻게 해야 자존감을 회복할 수 있을까요? 일단 비교를
멈춰야 합니다. 예를 들어 취업 준비생 아들이 집에서 빈둥대고
있다고 칩시다. 짜증도 나고 대기업에 다니는 친구 아들이 떠오
르면 울화통도 터질 것입니다. 친구 아들과 비교하면서 아들만
별로라고 생각하는 것이 아니라, 엄마인 자신도 기가 죽고 자존
감이 한없이 땅으로 떨어집니다.

그러던 어느 날, 며칠간 집을 비웠던 엄마가 '집이 얼마나 엉
망일까?' 하고 걱정하면서 돌아왔습니다. 그런데 집 안이 깔끔
하게 정리되어 있었습니다. 엄마는 깜짝 놀랐습니다. 아들에게
이런 장점이 있는지 미처 몰랐습니다. 늘 성적으로만 보다 보니
아들이 뛰어나지 않다는 생각에 친구들을 만나면 기가 죽곤 했
습니다. 하지만 자세히 보니 아들은 차분하고 정리 정돈도 잘할
뿐만 아니라 센스까지 있었습니다. 너무 기분이 좋아 장점들을
칭찬해 주다 보니 비교하는 말도 자연스럽게 멈추었습니다.

서점에 가면 자존감을 키워 주고, 또 회복시켜 준다는 책을
수없이 만날 수 있습니다. 하지만 자존감을 회복하는 방법은 너
무 쉽습니다. 다른 사람과의 비교를 멈추면 되니까요. 자존심
과 자존감은 비슷한 말조차 아닙니다. '심'과 '감'은 한 끗 차이지

만, 실제로는 하늘과 땅의 차이만큼이나 어마어마합니다. 이 세
상에 하나밖에 없는 '작품'에 비교라는 틀을 덮어씌워 '상품'으로
만들고 마는 것과 같습니다. 퍼즐 조각 하나하나가 작품이듯,
우리 역시 이 세상에 하나밖에 없는 소중한 작품입니다. 이 사
실을 확신할 때 비교에서 비롯되는 자존심을 버리고 자존감을
키울 수 있습니다.

· 3장 ·

내일도 성장하려는 마음가짐으로
POINT

존중

- 부부는 결혼 전 이심이체였고, 부부가 된 후에도 마땅히 이심이체여야 한다.
- 나의 부족함만 채워 주며 완벽한 반쪽이 되어 줄 배우자는 이 세상 어디에서도 찾을 수 없다.
- 부족한 사람끼리 만나 자신의 부족한 부분을 스스로 채울 수 있도록 돕고 의지하는 관계가 부부다.

사랑

- 사랑을 주고받을 때 사람은 모두 다 다르다는 사실을 간과하기 쉽다. 특히 부모의 자식 사랑은 내가 원하는 방식으로 사랑하기 때문에 이런 우를 범하기 쉽다.

- 상대방이 원하는 말이 '인정하는 말'인 사람은 "운전해 줘서 고맙다" 같은 간단한 말이나 글이라도 큰 위력을 발휘한다.
- 사람마다 서로 다른 사랑의 언어를 가지고 살아간다. 상대방에게 원하는 것을 먼저 묻고 그에 맞춰 줄 때 사랑다운 사랑을 주고받게 된다.

기억

- 똑같은 사건을 동시에 경험하더라도 사람마다 기억이 다를 수 있다. 주관적인 차이로 인해 기억은 사람마다 다를 수 있다.
- 사별의 상실로 고통스러워하는 사람에게는 세월이 약이라는 말이 별 위로가 되지 않는다.
- 한 사람에 대한 기억은 기분 좋고 흡족한 기억도 있지만 후회와 자책, 원망이나 애달픔이 묻어나는 기억들도 있다.

상실

- '인생은 고난의 연속'이라는 말을 '인생은 끊임없는 상실의 연속'이라고 바꾸어 말할 수 있다.

- 상실로 인한 고통은 슬픔 외에도 분노와 죄책감 등 다양한 감정을 포함한다. 이런 감정들을 억제하거나 회피하지 않고 드러내는 것이 애도이다.
- 상실의 감정을 제대로 드러내지 못하면 감정의 수렁 안에 갇힌다. 그러면 새롭게 다가오는 것들을 전혀 인지할 수 없다.

인정

- '자존감'을 회복하는 길은 너무 쉽다. 다른 사람과의 비교를 멈추면 된다.
- 자존심과 자존감은 비슷한 말조차 아니다. '심'과 '감'은 한끗 차이지만, 실제로는 하늘과 땅의 차이만큼이나 어마어마하다.
- 우리는 이 세상에 하나밖에 없는 소중한 작품이다. 이 사실을 확신할 때 비교에서 비롯되는 자존심을 버리고 자존감을 키울 수 있다.

감정에도
문해력이
필요하다

오십의 **욕구**

○ 오십을 솔직하게 하는 단어들

탐색

[탐색] 명사.
드러나지 않은 사물이나 현상을
찾거나 밝히기 위하여 찾음.

쓸모

[쓸모] 명사.
쓸 만한 가치.

표현

[표현] 명사.
생각이나 느낌 따위를 언어나
몸짓 따위로 드러내어 나타냄

억압

[어갑] 명사.
자기의 뜻대로 자유로이 행동하지
못하도록 억지로 억누름.

법칙

[법칙] 명사.
반드시 지켜야만 하는 규범.

지능

[지능] 명사.
지혜와 재능을 통틀어 이르는 말.

탐색

내 감정의
이름은?

수십 년을 살아도 잘 알 수 없는 스스로를 알려고 할 때, 성격 유형 검사는 성향이나 기질을 측정하는 유용한 도구가 됩니다. 결과를 통해 나 자신을 새롭게 발견하고 이해하는 계기가 되기 때문입니다.

하지만 80억이 넘는 인간을 고작 몇 가지 유형으로 모두 분류할 수는 없습니다. 스스로를 그렇게 분류하다 보면 일정한 틀에 자기 자신을 꿰어 맞추는 수밖에 없습니다. 나를 설명하기 위해서 틀을 빌려오는 게 아니라, 이미 만들어진 틀에 스스로를 맞추어 버리는 것입니다.

성격 유형 검사 외에 나 자신을 잘 알려 주는 것은 감정입니다. 사람의 마음은 기쁨, 즐거움, 불안, 분노, 두려움, 슬픔 등 다양한 감정의 집합체입니다. 이런 감정들은 사람마다 모두 다르게 느낍니다. 사람에 따라 감정(emotion)이 주는 느낌(feeling)의 무늬와 색깔, 온도가 다 다르기 때문입니다. 똑같이 '기쁨'을 느끼더라도 말입니다.

나의 '느낌'은 지문처럼 고유합니다. 따라서 감정을 탐색하다 보면 타인과 다른 나를 깨닫게 됩니다.

흑백으로 느껴지던 감정이 점점 총천연색으로

감정 탐색의 첫걸음은 레이블링(labeling), 다시 말해 감정에 이름 붙이기입니다. 사람을 만나면 통성명부터 하듯이, 내 감정을 제대로 이해하려면 감정들에 저마다의 이름을 붙이고, 불러 주어야 합니다. 자기감정을 잘 아는 성숙한 사람일수록 감정의 이름(단어)을 다양하게 알고 있습니다. 그뿐만 아니라 그 이름으로 감정을 표현합니다.

감정은 세분화하며 발달합니다. 신생아 때는 미분화된 흥분성만으로 자극에 반응하다가, 점점 '쾌(快)'와 '불쾌(不快)' 두 가지 감정으로 나누어 표현하기 시작합니다. 이후 불쾌에서 분노, 혐오, 공포, 수치심과 질투로 세분화됩니다. 쾌에서는 의기양양함, 애정, 기쁨 등으로 세분화하지요. 그렇게 2세까지 기본적인 감정의 세분화가 이루어집니다.

　성인과 비슷한 수준의 감정 분화는 5세 즈음에 완성된다고 봅니다. 색에 비유한다면 막 태어났을 때 흑과 백, 두 가지로만 느껴지던 감정이 점차 총천연색으로 세분화되면서 구별되는 것입니다.

　지금 기분이 어떠냐고 물었을 때 내가 어떻게 답하는지 보면 내 감정의 분화 수준을 알 수 있습니다. '쾌/불쾌', 곧 '좋아/나빠'로만 표현한다면 신생아 수준입니다. 매번 '좋아/나빠'에도 못 미치는 '몰라'만 연발한다면 긴장해야 합니다. 불편한 감정을 피하려고, 또는 사회적이거나 문화적인 이유로 감정을 억제하다 보면 점점 더 자기감정을 인식하기 어려워집니다. 결국 감정 인식 불능 또는 감정 난독증으로 상태가 악화될 수 있습니다. 억압된 감정이 몸에 쌓이다 보면 신체 증상으로도 나타납니다.

　그냥 '좋다'보다는 '상쾌하다'나 '흡족하다'로, 그냥 '나쁨'보다는 '서글픔'이나 '서운함' 등으로 감정에 구체적인 이름을 붙여 보세요. 이름만으로 모호한 감정이 보다 명확해지기 때문에, 감정을 인식하고 표현하는 데 도움이 됩니다. 또한 스스로의 감정 상태를 알고 구체적으로 표현할 수 있어야 상대방에게도 자기감정을 잘 전달할 수 있습니다.

　불편함을 느낀다면, 그 느낌에 감정 단어로 이름을 붙여 주는 것만으로도 혹 올라오는 감정에 휩쓸리지 않을 수 있습니다. 이름을 붙이면 그 감정을 객관적으로 볼 수 있을 뿐만 아니라 다룰 수도 있게 되기 때문입니다. 매 순간의 느낌을 다양한 감정 단어로 표현해 보세요. 그만큼 다채롭고 풍부하게 살아갈 수 있을 테니까요.

'슬픔은 나누면 반이 되고, 기쁨은 나누면 배가 된다'는 말이 있습니다. '나눈다'는 것은 다른 사람과 공유한다는 의미입니다. 감정 단어로 표현하기는 감정을 나누기 전, 반드시 거쳐야 할 과정입니다.

단어가 없어서 슬픔을 표현하지 못하는 사람들

한때 정신과 의사 훈련을 받은 인류학자 밥 레비(Bob Levy)는 1950년대 남태평양의 섬 타히티의 높은 자살률에 의문이 들었습니다. 아름다운 자연환경과 어울리지 않은 높은 자살률을 연구한 결과, 타히티 원주민의 말에 '슬픔'이라는 단어가 없다는 사실을 알아냈습니다. 슬픔이라는 단어가 없으니, 슬픔과 관련된 어떤 이야기도 의식도 없었습니다.

감정은 이름, 즉 언어의 옷을 입고 바깥세상으로 나와 표현되어야 합니다. 그러나 이름이 없어 표현되지 못한 슬픔이 내면에 갇힌 채 타히티 원주민들을 죽음으로 몰아간 것입니다.

2021년 통계상 OECD(경제협력개발기구) 국가 중 자살률이 가장 높은 한국의 경우는 어떨까요? 한 연구에서 감정 표현 단어 54개를 선정했는데, 그중 슬픔과 관련된 단어가 128개로 가장 많았습니다. 슬픔을 나타내는 단어가 이렇게 많은데도 자살률이 1위인 까닭은 그 이름들을 제대로 부를 수 없을 만큼 슬픔의 수위가 높기 때문은 아닐까요?

인도의 시인 까비르(Kabir)는 "인간 전 존재의 세포 하나하나가 그대로 느낌 그 자체가 되어 느껴진다"고 했습니다. 까비르에 따르면 느낌은 전체적이고 유기적인 것으로, 사람의 본질입니다. 느낌, 즉 개개인의 감정은 무엇보다 정체성을 가장 잘 말해 주는 나만의 독자적인 자원입니다. 스스로의 감정을 알지도 못하고 표현하지도 않는다면 나 자신을 절대 알 수 없다고 해도 지나치지 않습니다.

슬픔이라는 감정 단어는 누구에게는 서러운 느낌으로, 또 다른 이에게는 애잔한 느낌으로 다가옵니다. 서럽다거나 애잔하다는 것도 사람에 따라서 그 느낌이 모두 다른 고유한 것이기 때문입니다. 느낌이 곧 그 사람이라고 이야기하는 까닭입니다.

다시 말해, 사람은 누구나 자신만의 주관적인 느낌으로 존재합니다. 그 느낌이 생각과 판단을 이끌어 내지요. 내가 무엇을 느끼는지 제대로 알기 위해 감정 레이블링이 필요한 이유입니다. 내가 감정의 이름을 불러 줄 때, 감정은 비로소 내게 다가와 나의 참모습을 비추어 줄 것입니다.

쓸모

솔직하게
말하는 용기

　모든 감정은 나름대로의 쓸모가 있습니다. 혐오감을 예로 들어 볼까요? 상한 음식의 형태와 냄새에 본능적으로 혐오감이 드는 이유는 무엇일까요? 그래야 아무리 배고파도 상한 음식을 먹지 않을 테고, 생명을 지킬 수 있기 때문입니다. 이렇게 생각해 보면 세상에 나쁜 감정은 없습니다.

　그런데도 사람들은 감정을 긍정적인 것, 부정적인 것으로 나눕니다. 부정적이라고 여기는 감정이 올라오면 제대로 느끼기도 전에 차단합니다. 그와 관련된 단어조차 쓰지 않으려 애쓰면서 자연스러운 감정들을 회피하고 무시합니다. 혹은 화내는 것은 나쁘다는 생각에 분통 터지는 경험을 말하면서도 우아하게 웃음 짓는 부자연스러운 상황을 연출합니다.

감정의 풍선 효과

스스로에게 무시당하고 외면당한 감정들은 때와 상황에 어울리지 않게 일그러진 말투와 행동으로 불쑥불쑥 튀어나옵니다. 억눌려 표현되지 못한 감정들이 예상치 못한 곳에서 왜곡된 형태로 드러나는 것입니다.

표현하지 못한 묵은 감정은 신체 증상으로 나타나기 쉽습니다. 건강 검진 결과에는 아무 문제가 없는데도, 몸의 구석구석이 아프고 만성 통증에 시달리게 되는 것입니다. 억눌린 감정이 나도 모르게 말과 행동으로 튀어나오면 스스로도 자신을 이해할 수 없습니다. 시도 때도 없이 공격하게 되면서 자신은 물론 주변 사람들까지 괴롭히게 됩니다.

베를린 대학의 초보 강사, 쇼펜하우어의 강의를 듣는 학생은 거의 없었습니다. 반면에 헤겔의 강의실에는 언제나 수강생들이 북적거렸습니다. 인기와 명망이 드높은 헤겔은 쇼펜하우어에게 참 부러운 대상이었지만, 그는 자신의 부러움을 드러내지 못합니다. 대신 증오심을 키웠습니다. 반려동물의 이름을 '헤겔'이라 짓고 구박할 정도로 말입니다.

당사자에게 직접 감정 표현을 하지 못하니 만만한 다른 대상에게 분풀이하는 '전치'라는 방어기제를 사용한 것입니다. 후에

반려동물에게 새로운 이름을 붙였다는 이야기를 들어보면 별 효과를 보지는 못한 것 같습니다.

애꿎은 반려동물에게 분풀이하는 쇼펜하우어의 행동은 화날 때 샌드백을 후려치는 것 같은 감정 분출입니다. 응어리진 감정 분출은 한순간 마음을 풀어지게 하지만, 근본적으로 문제를 해결해 주지는 못합니다. 당연히 지속적인 효과는 없고, 때로는 격렬한 감정만 더 불러일으키기도 합니다.

"나는 헤겔이 참 부러워" 하고 솔직하게 감정을 표현하고 공감을 받았다면, 쇼펜하우어도 감정을 잘 다룰 수 있었을 것입니다. '부러워할 만하지. 부러움은 창피한 감정이 아니야'라고 감정의 정당성을 인정받았다면, 쇼펜하우어의 마음이 증오심 같은 2차 감정으로 뒤틀려지지는 않았을 것입니다.

부러우면 부럽다고 말하세요

TV 드라마의 주인공을 보며 "와, 어쩜 저렇게 예쁘고 날씬할까? 정말 부럽다!"고 말하는 지혜 씨에게 시어머니는 "자식들 멀쩡하고 굶지 않고 살면 되었지, 뭐가 부럽냐"고 핀잔을 줍니다. 결혼한 지 20년이 지나도록 지혜 씨는 시어머니가 '부럽다'고 말하는 것을 한 번도 들어 본 적이 없습니다. 다만 추억을 되뇌는 일이 거의 없는 시어머니가 어릴 때 이웃이던 부잣집에 대해서만은 여러 번 이야기했습니다.

동네에서 단 하나뿐인 2층 벽돌집. 시어머니는 자기 또래 아이의 2층 방 창문을 물끄러미 올려다보고는 했습니다. 그때마다 "어미가 없어, 아비가 없어? 왜 그렇게 청승을 떨고 있냐"며 친정어머니에게 면박을 당했다고 합니다. 그 이야기를 하면서도 시어머니는 그 집이나 자식이 부러웠다는 말은 결코 입 밖에 내지 않았지요.

시어머니에게 '부러움'이란 '청승'이었던 것입니다. '보잘것없는 사람이나 부러워하는 것이다. 부러워하면 지질해진다.' 이런 마음으로 살았던 것이지요. 그 사실을 깨닫자 지혜 씨는 보는 것마다 "부럽다, 부럽다" 하는 자신을 시어머니가 왜 못마땅해하는지 이해하게 되었습니다. 지혜 씨는 안쓰러운 마음으로 시어머니에게 손 편지를 썼습니다.

어머니, 부러우면 부럽다고 말씀하셔도 돼요. 말로 내뱉으면 부러움이 대개 부러운 것으로 끝나 버리거든요. 부럽지 않은 이유를 대려고 애쓰지 않아도 되고요. 친구의 자상한 아버지가 너무 부러워 "부럽다, 부럽다" 노래했더니 그 친구가 자상한 당신의 아들을 내 남편감으로 찾아 줬어요. 딸만 키운 친정어머니는 남편만 보면 어머니가 부럽다고 늘 말씀하세요. 누군가 나를 마음껏 부러워하듯, 나도 누군가를 마음껏 부러워할 수 있잖아요.

어머니가 숨겨 둔 부러움이라는 감정, 어딘가에서 꿈틀대고 있을 어머니의 한 부분인 잃어버린 감정을 찾는 일, 너무 오래되어 엄두가 나지 않으실 테니 제가 그 일에 동행해 드릴게요.

나는 어떤 감정을 잃어버렸을까요? 더 나이 들기 전에 감추어 두느라 쭉 잃었던 감정을 찾아 토닥이며 다정하게 위로하는 시간을 가지기 바랍니다.

표현

개떡 대신
찰떡같이

수많은 분들과 상담하다 보면 무척 안타깝고 놀라운 사연들을 많이 듣습니다. 한 상담 사례를 이야기해 보겠습니다. 이제 육십 대를 막 앞둔 그 분은 지금 너무 외롭다고 했습니다. 평생 공기업에서 근무했기에 먹고사는 데 큰 문제는 없었습니다. 일남 일녀의 자녀들은 결혼해 잘 살고 있지만, 부모에게 마음 씀씀이가 살뜰한 편은 아니라고 했습니다.

상담을 청한 이유는 아내와의 관계 때문이었습니다. 그 분은 아내가 자기를 길에서 만난 낯선 사람처럼 데면데면하게 대한다고 하소연했습니다. 심지어는 집에 들어오는 자신에게 "밥은 먹었느냐"는 소리 한번 없다고 했습니다. 그렇게 살다 보니 많이 외롭고, 나이가 더 들면 일찌감치 실버타운에 들어가서 사는 것이 낫겠다며 좋은 곳을 추천해 달라고 했습니다.

마음은 보이지 않습니다

들으면서 마음도 아프고, 한편으로는 아내 분이 너무한다 싶기도 했습니다. 그런데 막상 아내의 이야기를 듣고 나자 그 마음 또한 이해되었습니다. 이번에는 아내가 가엽다는 생각도 들었고요. 아내의 불만은 이랬습니다.

젊은 시절부터 남편이 돈 관리를 했고, 아내는 남편에게 일일이 돈을 타 생활해 왔습니다. 아내는 남편에게 퇴직도 얼마 남지 않았고, 앞으로는 연금으로 생활해야 하니 자신이 돈을 관리하고 싶다고 이야기했습니다. 그러나 남편이 단칼에 거절한 것입니다. 그때부터 아내는 마음의 문을 아예 닫아 버렸고, 결국 현재처럼 지내게 되었다고 합니다.

두 사람 다 자기가 원하는 바를 표현한 결과, 서로 마음을 알게 되었습니다. 시간은 좀 걸렸지만, 관계도 조금씩 개선되었습니다. 그렇습니다. 우리의 마음은 눈에 보이지 않습니다. 그래서 말하고 보여 주지 않으면 상대방은 알 방법이 없습니다.

마음을 보여 주는 가장 좋은 방법은 말로 표현하는 것입니다.

사람들은 마음을 말로 표현하기 어려워합니다. 오십이 넘은 사람들은 특히 그렇습니다. 어려서부터 감정이란 마음속에 꼭꼭 눌러두어야 하는 것으로 여기는 문화 속에서 성장했기 때문입니다. 산업화에 따른 사회 문화적 환경의 변화에는 그럭저럭 적응했지만, 자기감정을 표현하는 일은 여전히 서툽니다.

그중에서도 남자들은 감정을 표현하는 일을 더욱더 난처하고 꺼려합니다. 목소리를 높이며 "꼭 말로 해야 알아?" 하고 말하는 사람도 있습니다. 하지만 말로 표현하지 않으면 상대방은 영원히 내 마음을 제대로 알 수 없습니다. 내 마음을 잘못 해석하거나 판단해 버리고 오해할 수도 있지요.

마음을 말로 표현하지 않으면 어떤 일이 생길까?

며느리와의 관계가 몹시 불편하고 힘들어 고민하던 일흔 초반의 할머니가 있습니다. 어느덧 오십이 넘은 아들 부부에게 이제는 그만 분가해서 혼자 살고 싶다고 했습니다. 그 말에 당황한 아들은 막무가내로 안 된다고만 했습니다. 어머니를 위해 지금의 아내와 결혼했기 때문이랍니다.

할머니는 영문을 몰랐습니다. 잘생겼고 좋은 대학을 나와 남들이 부러워하는 대기업에 취업한 아들이기에, 안 그래도 고등

학교만 졸업한 며느리가 여전히 마음에 내키지 않던 터였습니다. 어리둥절한 어머니에게 아들은 어머니가 평생 아들 하나만 믿고 살아왔기에, 어머니를 잘 모실 신붓감이 배우자 선택의 기준 1순위였다고 말했습니다.

아들은 자신의 선택을 어머니가 좋아하리라 생각했을 테지만, 정작 어머니는 자신을 잘 모실 며느리가 아니라 아들이 행복하게 사는 것을 바랐습니다. 이처럼 주변을 둘러보면 서로를 위하며 사랑하지만, 서로서로 마음을 제대로 표현하지 못해 벌어지는 황당하고도 어처구니없는 일이 참으로 많습니다.

한번은 어느 여성분이 이런 말을 했습니다. 친정아버지가 팔십 대 후반인데, 무뚝뚝해서 그런지 살아오시는 동안 어머니에게 애정표현 한 번이 없었답니다. 그런 분이 임종 직전 딸에게 "집에 있는 엄마에게 내가 평생 사랑했노라 전해라"고 했대요. 어머니를 향한 아버지의 사랑을 확인해 기분이 좋으면서도, 아버지가 그 말을 어머니에게 직접 했으면 얼마나 좋았겠냐며 아쉬워했습니다.

마음은 표현한 만큼만 알 수 있다

"표현하지 않는 사랑은 사랑이 아니다"라는 말이 있습니다.

말로 표현하지 않으면 다른 사람이 내 마음을 알 수 없기 때문입니다. 눈에 보이지 않으니, 표현한 만큼만 아는 것이지요. 인간은 관계 속에서 살아갈 수밖에 없는 사회적 동물이므로 자기 마음이 어떤지 더 표현하며 살아야 합니다. 그래야 서로 마음을 알고, 상대방을 더 잘 이해할 수 있습니다. '마음은 표현된 만큼만 알 수 있다'라는 말은 한마디로 '표현하지 않으면 짐작하고 추측할 수밖에 없다'는 뜻입니다.

혹 이런 경우는 없었는지요? 배우자가 빵을 먹고 싶다고 했습니다. 그래서 "뭐 사 올까?" 하고 물었는데, 아무거나 다 괜찮다고 합니다. 정말 그럴까요? 평상시 배우자가 잘 먹던 빵을 생각하며 나름 신중하게 골라서 사 와도 전혀 예상치 못한 반응이 나올 수 있습니다. "다음에는 튀긴 빵은 빼고"와 같이요.

우리는 자기 마음을 잘 표현하지 않으면서, 상대방은 내 마음을 잘 알아주기를 원하는 경향이 있습니다. 다시 한번 말하지만, 마음은 표현한 만큼만 알 수 있습니다. 친할수록 개떡같이 말해도 찰떡같이 알아듣기를 원하지만, 개떡같이 말하면 개떡같이 알아들을 수밖에 없습니다.

억압

살피고, 꺼내고,
표현하라

　1979년 개봉한 우디 앨런의 영화 〈맨해튼〉은 중년의 이혼남 데이비스의 사랑 이야기입니다. 어느 날 데이비스와 사귀던 메리는 다른 남자 친구가 생겼으니 헤어지자고 말합니다. 그 말을 들은 데이비스는 아무런 반응도 보이지 않습니다. 그런 데이비스를 향해 메리가 소리를 지릅니다.

　"화내고 솔직하게 반응해야 어떻게든 결론이 날 거 아냐!"

　데이비스는 이렇게 대답합니다.

　"나는 화나지 않았어, 알아? 내 말은 속으로 삭인다는 거야. 그게 바로 내가 가진 문제점이야. 그 대신 나는 종양을 키우고 있어."

속으로 삭이는 감정과 욕구는 종양을 키운다

감정과 욕구는 표현하지 않는다고 해서 없어지지 않습니다. 복통 등의 신체 증상으로 드러납니다. 티나지 않게 억압할수록, 감정과 욕구의 억압 장소인 몸에 탈이 납니다.

프로이트의 제자인 빌헬름 라이히(Wilhelm Reich)는 감정 표현을 억압할 때 심리적으로 위축될 뿐만 아니라 근육이 긴장으로 수축되며 근육 갑옷(Muscular Armour)을 형성한다고 했습니다. 갑옷이라고 하니 심리적인 고통을 차단하는 방패 역할을 해 줄 것 같지만, 근육 갑옷의 상태가 굳어질수록 몸과 마음의 문제는 커질 수밖에 없습니다.

은퇴를 앞둔 진수 씨 이야기를 해 보겠습니다. 최근 진수 씨는 무슨 말을 꺼내려고 하면 갑자기 목이 막히고 울컥한다고 했습니다. 워낙 말수가 적고 과묵한 성격이라 평생 아내에게 말 좀 하라고 닦달당했다고도 했지요. 그런데 최근 이런 증상이 심해져서 더욱 말하기가 어렵다고 했습니다.

얼마 전 손주가 백화점에서 장난감을 사 달라고 조를 때도 생뚱맞게 목이 막히고 울컥했답니다. 아무리 비싸도 장난감 정도는 사 줄 수 있는 스스로의 재력을 뿌듯해하며 흔쾌히 사 주려는데, 느닷없이 왜 그렇게 목이 막히고 울컥하는지 도통 이해할 수 없다고 했습니다. 이런 감각에 얽힌 무언가를 찾아 진수 씨의 어린 시절을 함께 더듬어 보았습니다.

어린 진수 씨가 시내에 있는 큰 장난감 가게에서 빨간색 트럭을 만지작거립니다. 그런데 먼저 기차를 고른 동생이 엄마한테 뛰어갑니다.

"우리 착한 맏이가 또 양보하네."

엄마의 말에 어린 진수 씨는 슬그머니 빨간색 트럭을 내려놓습니다. 진수 씨네 집은 당시 꽤 잘사는 집이라 떼쓰면 원하는 것을 가질 수 있었을지도 모르지만, 진수 씨는 늘 사 달라는 말을 꾹 눌러 참았다고 했습니다. 양보하는 착한 아이, 아무 말 없이 시키는 대로 잘 따르는 과묵한 맏형이어야 하니까요. "엄마, 나도 이 빨간색 트럭 가지고 싶어요, 왜 맨날 나만 양보해야 되는데?"와 같은 말을 입밖으로 꺼낼 수 없었습니다.

학창 시절 내내, 그리고 결혼 이후에도 진수 씨의 이 같은 욕구와 억울한 감정은 한 번도 표현되지 못했습니다. 목구멍에 쌓인 채로 갇혀 버리고 말았지요. 억압된 욕구와 감정이 쌓이다 수위를 넘으면 진수 씨처럼 몸의 감각으로 신호를 보냅니다. 더 이상 쌓아 둘 데가 없으니 마음의 체증을 풀어 주라고 경고하는 것입니다.

해결은 표현부터 시작한다

고대 그리스의 의사였던 히포크라테스(Hippocrates)는 이렇게
말했습니다.

"어떤 것을 말로 표현할 수 있다면 이미 그것을 뛰어넘은 것
이다."

만약 '어떤 것'에 욕구라는 단어를 대입한다면 이런 말이 될
것입니다.

"욕구를 말로 표현할 수 있다면 이미 그 욕구를 뛰어넘은 것
이다."

나는 이것을 하고 싶다거나 원한다고 말로 표현해야 욕구가
한으로 남지 않습니다. 말로 표현만 해도 마음의 응어리를 해소
할 수 있는 것입니다. 그래야 응어리가 영영 찌꺼기로 남지 않
지요. 욕구 해결은 표현 다음에 오는 문제입니다.

욕구 표현이 곧 욕구 해결의 요구와 같다고 생각해 선뜻 표현
하지 못하는 사람들도 있습니다. 그러나 표현하는 자체는 욕구
를 해결해 달라는 요청이 아닙니다. 그저 해결을 위한 첫 단계
일 뿐입니다.

모든 욕구를 해결하고 채우며 사는 사람은 없습니다. 내 욕구
를 채우기 위해 다른 사람에게 피해를 입히거나 희생을 요구하
는 것도 안 될 일입니다. 나와 다른 사람의 욕구가 어긋날 때는

타협과 조절이 필요합니다. 이를 위해서라도 자신의 욕구는 정확히 표현되어야 합니다.

욕구 표현이 어려운 데는 몇 가지 이유가 있습니다. 진수 씨처럼 칭찬의 올가미에 잡혀 욕구 표현을 못 하기도 합니다. 자기욕구보다 속상해하는 부모의 눈치를 먼저 살피는 '어른아이'는 커서도 솔직한 욕구 표현이 어렵습니다. 내 바람을 표현했을 뿐인데 수용은커녕 비난당한 경험이 있으면 더더욱 욕구 표현이 자유롭지 못하지요. 그래서 아예 입을 열지 않거나 에둘러 말하는 사람이 많습니다. 문제는 그러면 무엇을 원하고, 어떻게 하고 싶은지 상대방에게 제대로 전달할 수 없다는 것입니다.

욕구도 내 정체성의 일부다

지속적으로 욕구 표현이 저지당하고 스스로도 말하지 않다 보면 자기욕구가 무엇인지 잘 모르게 됩니다. 자기욕구를 모르는 것은 생각보다 위험합니다. 개인의 욕구는 감정은 물론이고 정체성과도 관련되어 있기 때문입니다. 의식주와 애착 같은 생존의 기본 욕구부터 성장에 이르기까지, 사람마다 원하는 것은 다 다릅니다. 그러니 내가 지닌 욕구는 자기정체성의 일부인 셈입니다. 자기욕구를 모른다는 것은 스스로를 잘 모른다는 이야기와 같습니다.

진수 씨는 목구멍에 가득 차 있던 지난날 자기욕구들을 하나씩 꺼내 봤습니다. 더불어 현재 자기가 원하는 것이 무엇인지, 무엇이 필요한지, 앞으로 무엇을 하고 싶은지 하나하나 써 봤습니다. 진수 씨가 자신이 진정 원하는 것이 무언지 알아내고 글로 표현하는 데는 여러 날이 걸렸지만, 하나하나 쓰다 보니 봇물이 터지듯 욕구가 드러나기 시작했지요.

다 쓴 것을 읽어 보니 한 편의 자기소개서 같았습니다. 진수 씨가 사람과의 관계에서 어떤 것을 원하는지, 중요하게 생각하는 가치가 무언지, 어떤 능력을 더 채우고 발휘하고 싶은지가 곳곳에 잘 드러나 있었습니다. 욕구 표현의 글쓰기를 통해 자신도 모르던 부분들을 새롭게 깨달은 진수 씨는 인생 후반기를 어떻게 살아야 할지 윤곽이 잡히는 듯해 마음이 벅차오른다고 했습니다.

법칙

감정의 파도에
쓸려 가지 않는 법

살다 보면 나름의 이유를 가진 법칙들과 마주합니다. 아이들이 사춘기를 겪거나 부모의 마음대로 움직여 주지 않을 때 많이 위로받은 '지랄 총량의 법칙'*이 있습니다.

출산 뒤에 온종일 아이와 씨름하다가 스킨십의 총량이 소진되는 바람에 남편과 스치는 것도 예민해진다는 '스킨십 총량의 법칙'도 있습니다. 하루 중 대화의 총량을 채우지 못한 아내들은 퇴근할 남편을 기다리지만, 남편들은 직장에서 대화의 총량을 다 써 버리기 때문에 부부는 끊임없이 부딪칠 수밖에 없다는 '대화 총량의 법칙'도 만납니다.

● 모든 사람에게 평생 해야 하는 지랄(마구 법석을 떨며 분별없이 하는 행동을 속되게 이르는 말)의 총량이 정해져 있다는 신조어.

감정의 특성

우리는 늘 감정과 함께 삽니다. 그래서 감정을 제대로 이해하려면 그 특성을 알아야 할 필요가 있습니다. 감정에도 앞에서 말한 지랄, 스킨십, 대화처럼 총량의 법칙을 적용할 수 있을까요? 너무 격하게 웃으면 배가 아파 더 이상 웃기 힘들고, 한참 동안 울면 눈물이 말라 더 이상 눈물이 나오지 않는 것을 보면 그럴 수도 있겠다는 생각도 듭니다.

하지만 몇 년을 몰아서 슬퍼하면 남은 인생은 슬프지 않다든지, 감정 표현을 많이 하는 사람은 나이 들수록 감정 표현이 줄어든다든지 하는 예는 본 적이 없습니다. 그런 것을 보면 감정에는 정해진 총량이 없는 것 같기도 합니다. 계속 슬퍼하면 슬픔에 더 빠진다든가, 좋은 기분을 많이 표현하면 그 기분이 더 오래간다거나 하는 일도 있으니 말입니다. 결론적으로, 감정에는 총량의 법칙을 적용할 수 없을 듯합니다. 대신 여기서 드러난 감정의 특성이 몇 가지 있습니다.

첫째, 한 가지 감정을 너무 과하게 또는 장시간 표현하면 생리적인 반응이 나타난다는 것입니다. 너무 웃으면 배가 아프고, 너무 울면 눈물이 마릅니다. 시샘은 '배가 아프다'고 하고, 극심한 고통의 감정은 '애(창자)가 끊어진다'고 합니다. 불안하고 초조할 때 '애가 끓다'라고 하는 것도 같은 맥락입니다. 감정은 신체와 분리할 수 없습니다. 대개 감정을 느끼기 전에 신체 감각이 먼저 옵니다. 어둠 속에서 괴이한 소리를 들으면 무섭다는 감정을 느끼기 전에 오싹하는 감각부터 느끼고, 무섭다고 느끼는 순간 이미 피부에는 소름이 돋아 있습니다.

감정 표현은 그에 걸맞은 표정과 자세, 신체 움직임을 동반합니다. "정말 행복하다"고 말하면 표정이 밝아지고 몸도 활짝 펴집니다. 모처럼의 모임에서 차마 슬픔을 표현하지 못하고 애써 웃음 짓다 집에 돌아오면 무척 피곤해집니다. 감정과 신체의 자연스러운 연결을 막느라 추가로 에너지가 소모되었기 때문입니다. 그러므로 감정을 솔직하게 표현하지 못하고 계속 감추기만 하면 신체 증상이 생길 수밖에 없습니다.

둘째, 감정에도 관성의 법칙이 있다는 것입니다. 슬퍼하고만 있으면 더 슬퍼지고, 좋은 기분을 표현하면 유쾌함이 더 오래갑니다. 그러나 개개의 감정은 애초에 그리 오래 지속되지 못합니다. 사람의 내부에서 여러 감정이 순환하기 때문입니다. 화냈다가 웃기도 하고, 짜증 내다 즐거워하기도 합니다. 소중한 사람을 잃고 애도하는 중에 웃을 수도 있고, 죽고 싶은데 떡볶이가 먹고 싶을 수도 있습니다. 어찌 보면 신이 내린 축복입니다. 몇날 며칠 쉬지 않고 웃기만 하거나 화만 낸다면, 그건 형벌이 아닐까요?

개인이 감당할 수 없을 정도로 극렬한 감정에 압도되면, 감정이 순환하지 못하고 흐름이 차단됩니다. 그러면 강렬한 하나의 감정이 한동안 지속됩니다. 이렇게 관성의 법칙이 차별적으로 적용되는 감정은 부정적일수록 더 오래갑니다. 부정적인 감정일수록 초기에 표현되어야 하는 이유입니다.

흐름이 있다는 것은 감정이 에너지를 지녔다는 뜻입니다. 감정은 눈에 보이지 않을 뿐, '힘을 지닌 에너지'입니다. 그 힘으로 우리의 몸과 마음을 움직입니다. 감정이 주는 힘 자체는 중립적이기에 긍정적인 것과 부정적인 것으로 양분할 수 없습니다. 어떻게 쓰느냐에 따라 힘은 이로울 수도 있고 반대로 해로울 수도 있습니다.

예를 들어, 분노라는 감정이 주는 공격적인 에너지와 파괴력은 스스로를 보호하는 힘으로 쓸 수 있습니다. 불안의 힘은 위기를 준비하는 추진력으로 쓸 수 있지요. 슬픔에 내재된 에너지로 스스로에게 몰두하고 성찰할 힘을 기를 수도 있습니다.

모든 감정은 나를 이롭게 한다

감정에는 공평성의 원칙도 있습니다. 모든 감정에는 이유가

있습니다. 다들 나에게 도움을 주기 위해 존재하기에 공평하게
돌보아 줘야 합니다. 내 안의 모든 감정을 다 수용하고, 관심을
가져야 합니다. 불편하고 부담스럽다는 이유로 회피하거나 무
시하면, 그 감정들은 엉뚱한 곳에서 시도 때도 없이 튀어나와
존재감을 과시하며 혼란에 빠뜨립니다. 직장 상사에게 부당한
질책을 받고 찍소리도 못 하다가 식당 종업원에게 느닷없이 화
풀이하는 식입니다. 종로에서 뺨 맞고 한강에서 눈 흘기는 꼴이
지요.

　내 안의 모든 감정은 나의 일부분입니다. 감정을 부정하면 스
스로를 부정하는 것과 같습니다. 수치스럽다고 감추거나 속이
면 결국 스스로를 기만하는 결과만 가져옵니다. 이솝 우화 〈여
우와 신 포도〉 속 여우는 포도가 높은 곳에 열려 있어 결국 따먹
지 못했습니다. 여우는 포도 하나 따먹지 못하는 자신의 무능함
을 수치스럽게 생각했나 봅니다. 속으로 '원숭이라면 나무를 타
고 올라가서 쉽게 따먹었겠지'라며 원숭이와 자신을 비교하고
열등감을 느꼈을지도 모릅니다. 여우는 자신의 수치심과 열등
감을 감추기 위해 "포도가 시어서 따먹지 않는다"라며 거짓말하
고 자기 자신도 속입니다.

　독일 작가 에리히 캐스트너(Erich Kästner)는 〈여우와 신 포도〉
를 현대적으로 재구성했습니다. 정말 열심히 노력한 끝에 여우
는 마침내 포도를 따먹게 되었습니다. 그런데 막상 먹어 보니

정말 시기만 했습니다. 이처럼 어이없는 상황에서 여우는 어떤 반응을 보였을까요? 포도가 너무 달콤하다면서 신 포도를 계속 따먹다가 위궤양으로 죽었답니다. "열심히 노력했지만 포도가 시어서 너무 안타깝네"라고 솔직하게 말하면 될 것을….

여우는 누구나 가질 수 있는 수치심과 열등감을 잘 보듬지 못하고 감추기 급급했습니다. 자기합리화를 하며 거짓된 삶을 살다 죽음을 자초한 헛똑똑이 여우의 이야기는 우리가 불편한 감정을 어떻게 다루어야 하는지 생각하게 만듭니다.

감정의 특성을 알면 낯설고 불편한 감정에도 감사함을 느끼고, 친해질 수 있습니다. 그러면 감정 조절은 저절로 되지 않을까요?

지능

이해를 높이는
역발상

　우리는 '지능'이라고 하면 IQ 테스트(비네의 IQ 검사)를 떠올립니다. 지금의 오육십 대는 학창시절 한 번씩 IQ 테스트를 받은 기억이 있을 것입니다. 지능이 높은 친구들을 몹시 부러워했던 기억도요. 지능이 높다는 말을 머리가 좋다는 의미로 받아들이고, 머리가 좋으면 명문대를 졸업해 돈을 잘 벌 직업을 가지게 되어 행복하게 살 것이라고 여기던 시절이기 때문입니다.

　그때까지만 해도 높은 IQ는 행복한 삶을 보장하는 요건 중 하나였습니다. 1983년, 하워드 가드너(Howard Gardner)가 다중 지능 이론을 내놓으며, IQ에 대한 사람들의 전통적이고 일반적인 개념을 바꾸어 놓기 전까지 말입니다.

단일 지능에서 다중 지능으로

표준화된 IQ 검사는 평균적으로 90~110 정도의 지능 지수가 나옵니다. 따라서 IQ 150이면 전체 인구의 0.1퍼센트에 해당하니까 엄청 머리가 좋은 거죠. 하지만 문제는 IQ가 언어 능력, 수리 능력, 추리력, 공간 지각력의 네 가지 단순 지적 능력을 더하기한 수치라는 겁니다. 가드너는 이 네 가지 요소만으로 지능을 산출하는 것은 너무 제한적이라고 보았습니다. 그래서 '언어 능력, 수리 능력, 추리력, 공간 지각력' 외에 다른 요소를 포함시켰습니다. 이것이 바로 다중 지능입니다.

다중 지능에는 언어 지능, 논리수학 지능, 음악 지능, 신체운동 지능, 공간 지능, 자연친화 지능, 인간관계 지능(대인관계 지능), 자기이해 지능(자기성찰 지능)의 총 여덟 가지가 포함됩니다.

다중 지능 검사의 장점 중 하나는 여덟 가지 중 약점과 강점이 무엇인지 알려 준다는 것입니다. 절대 점수만이 아니라 무엇을 잘하고 못하는지, 한 개인 안의 여러 능력을 상대적으로 평가합니다. 게다가 각 영역의 지능에서 구체적인 항목을 제시하며 여러 지능에 대해 좀 더 구체적으로 알려 줍니다. 따라서 다중 지능 검사에서는 "IQ가 몇이니?" 하는 질문은 별 의미가 없습니다. "너는 이 중에 어떤 것을 잘하니?" 하는 질문이 더 잘 어울리지요.

　다중 지능 중 '자기이해 지능'과 '인간관계 지능'은 오십 이후에도 계속 발전시킬 수 있는 지능입니다. 이 중 자기이해 지능은 글을 읽는 것만큼이나 중요하고 기본적인 능력입니다. 쉽게 말해 자기주제를 잘 파악하고, 분수를 지키는 능력이기 때문입니다.

　자기의 주제를 제대로 파악하려면 우선 자기 자신을 객관적으로 볼 수 있어야 합니다. 객관적으로 볼 수 있어야 제대로 평가하고 자기반성도 하니까요. 나 자신을 객관적으로 보지 못하면 근거 없는 자기우월감, 자기도취 또는 자기비하나 자기혐오에 빠질 수 있습니다. 그렇기 때문에 다른 여러 지능 중에서 무엇보다 자존감 등 심리적인 안녕과 직결된 지능입니다.

　검사 문항 중 자기이해 지능과 관련된 것으로 '나는 나 혼자만의 시간이 꼭 필요하다'는 항목이 있습니다. 스스로 자신을 점검하고 성찰하는 시간을 가지는지, 자기 자신을 잘 이해하는지 알아보는 것입니다. 아울러 자기이해 지능을 향상시키려면 자기만이 아니라 다른 사람이 보는 자기모습도 잘 알아야 합니다. 그러려면 진솔하게 자기를 표현하고 다른 사람들의 반응과 의견을 수용하는 자세가 필요합니다.

　무의식에 지배받는 부분이 많다는 사실을 감안하면, 자기이해 지능을 높이는 자기성찰에는 의식적인 것뿐만이 아니라 방어심리 같은 무의식적인 영역도 포함시켜야 합니다. 그런 이유

로 무의식을 중요시하는 심리학자, 상담사, 철학자 등은 일반적
으로 자기이해 지능이 높습니다.

인간관계를 잘 맺는 것도 지능입니다

　인간관계 지능이란 말 그대로 인간관계를 잘 맺을 만한 기반
을 얼마만큼 구축했고, 그것을 다른 사람과의 관계에서 어떻게
활용하는지를 가리킵니다. 자기이해 지능이 주제 파악을 잘하
는 것이라면, 인간관계 지능은 다른 사람을 잘 파악하는 것입니
다. 구체적으로 설명하면 상대방의 표정이나 목소리 톤 혹은 몸
짓의 변화를 민감하게 알아차리고 적절하게 반응하는 능력입
니다.

　인간관계 지능이 높은 사람은 행동의 동기와 이면을 잘 살피
고 공감합니다. 표정이나 행동을 살펴 상대방이 원하는 것을 파
악하는 능력이 뛰어나지요. 대화할 때도 동문서답하지 않고 제
대로 대답합니다.

　인간관계 지능은 사회성을 포함하는데, 여기서 이야기하는
사회성은 성격이 내향적인지 외향적인지 하는 것과는 별 상관
이 없습니다. 그보다는 상대방의 말을 경청하고 존중하는 배려
심, 공감력 그리고 무엇보다 인간을 향한 신뢰를 가리킵니다.

이런 사람은 대개 인간관계 지능이 높습니다.

자기이해 지능과 인간관계 지능은 여타의 지능들에 비해 다른 사람들 눈에 잘 띄지 않을 수 있습니다. '계산 능력이 뛰어나다, 노래를 잘한다, 공 다루는 실력이 남다르다' 등에는 어려서부터 주의를 기울이고 칭찬하는 반면, '자기행동을 돌아본다'든지 '다른 사람을 배려한다'든지 하는 점은 다들 그다지 관심이 없으니까요.

이를테면 강아지를 멋지게 그려 내는 아이의 그림 솜씨에 식구들은 "와!" 하는 감탄과 함께 칭찬을 쏟아 낼 것입니다. 하지만 거리의 노숙인이 어제보다 더 힘없어 보인다고 걱정하는 아이는 그다지 주목받지 못합니다.

감정 문해력이 높을수록 행복하다

여러 연구 결과를 살펴보면 다른 지능보다 자기이해 지능과 인간관계 지능이 높은 사람들이 성공도 많이 하고, 행복하게 살아갈 확률이 높다고 합니다. EBS는 2008년 한 다큐멘터리에서 '다중 지능'에 대해 다루었는데, 세계적인 명성을 얻은 사람들은 자기 분야와 관련된 지능과 더불어 자기이해 지능과 인간관계 지능도 모두 높다고 했습니다. 모두가 간절히 원하는 행복과 밀

접하게 관련된 것은 높은 IQ가 아니라 자기이해 지능과 인간관계 지능인 셈입니다.

자기이해 지능과 인간관계 지능 모두 감정 문해력에 바탕을 두고 있습니다. 감정 문해력은 감정을 이해하고 읽을 수 있으며, 한 발 더 나아가 잘 표현하는 것까지 포함하는 개념입니다. 사람을 이해하는 가장 큰 부분이 감정 이해이기 때문에 감정 문해력은 자기이해와 인간관계의 기본이라고 할 수 있습니다.

감정 문해력은 나의 감정이 어떤지, 무슨 이유로 이런 감정이 생겼는지 살펴본 다음, 그 감정을 감정 단어로 적절히 표현할 때 생깁니다. 감정 문해력이 높으면 나 자신을 향한 이해가 높아질 뿐만 아니라 다른 사람의 감정도 잘 읽고 공감할 수 있습니다. 그뿐만 아니라 자기감정도 잘 조절할 수 있고, 자기감정을 다른 사람에게 표현하는 것도 쉬워집니다. 남의 감정을 있는 그대로 받아들임으로써 다른 사람들과도 잘 소통하게 되지요.

나를 좀 더 이해하고 다른 사람들과의 관계가 원만해질수록, 다중 지능 지수가 높아진다고 생각해도 될 것 같습니다. 지금 나의 자기이해 지능과 인간관계 지능은 어느 정도 수준일까요?

감정에도 문해력이 필요하다
POINT

탐색

- 나의 '느낌'은 지문처럼 고유하므로, 감정을 탐색하다
  보면 타인과 다른 나를 깨달을 수 있다.
- 사람을 만나면 통성명부터 하듯이, 감정에 이름을 붙이
  면 그 감정을 객관적으로 볼 수 있게 된다.

쓸모

- 무시당하고 외면당한 감정들은 일그러진 말투와 행동
  으로 때와 상황에 맞지 않게 불쑥불쑥 튀어나온다.
- 솔직하게 감정을 표현하고 공감을 받는다면 감정을 잘
  다룰 수 있게 된다.
- 오십에는 감추어 두고 잊었던 감정을 찾아 토닥이며 다
  정하게 위로하는 시간을 가져야 한다.

표현

- 마음을 보여 주기 위한 가장 좋은 방법은 말로 표현하는 것이다.
- 인간은 관계 속에서 살아갈 수밖에 없는 사회적 동물이기에, 자기마음이 어떤지 표현하며 살아야 한다.
- 마음은 표현한 만큼만 알 수 있으므로 표현하지 않으면 짐작하고 추측할 수밖에 없다.

억압

- 감정과 욕구는 삭인다고 없어지지 않으며, 참기만 하면 억압 장소인 몸에 탈이 난다.
- 욕구 표현이 곧 욕구 해결의 요구와 같다고 생각해 선뜻 표현하지 못하는 사람도 있지만, 표현이 곧 욕구를 해결해 달라는 뜻은 아니다.
- 현재 자기가 원하는 것이 무엇인지, 무엇이 필요한지, 앞으로 무엇을 하고 싶은지 하나하나 써 보는 시간이 필요하다.

법칙

- 감정에는 두 가지 특성이 있다. 첫째, 신체와 분리할 수 없고, 둘째, 관성의 법칙이 있다는 것이다.

- 내 안의 모든 감정은 나의 일부분이므로, 감정의 부정
  은 스스로를 부정하는 것과 같다.
- 감정의 특성을 알면 낯설고 불편한 감정에도 감사함을
  느끼고 친해질 수 있다. 그러면 감정은 저절로 조절될
  것이다.

지능

- 다중 지능 중 '자기이해 지능'과 '인간관계 지능'은 오십
  이후에도 계속 발전시킬 수 있는 지능이다.
- 다른 지능보다 자기이해 지능과 인간관계 지능이 높은
  사람들이 성공도 많이 하고, 행복하게 살아갈 확률이
  높다.
- 감정 문해력이 높으면 나 자신에 대한 이해가 높아질 뿐
  만 아니라 다른 사람의 감정도 잘 읽고 공감할 수 있다.

속박에서
해방되겠다는
결심

오십의 **믿음**

○ 오십을 자유롭게 하는 단어들

균형

[균형] 명사.
어느 한쪽으로 기울거나
치우치지 아니하고 고른 상태.

분리

[불리] 명사.
서로 나뉘어 떨어짐.
또는 그렇게 되게 함.

편견

[편견] 명사.
공정하지 못하고
한쪽으로 치우친 생각.

착각

[착깍] 명사.
어떤 사물이나 사실을 실제와
다르게 지각하거나 생각함.

개성

[개: 성] 명사.
다른 사람이나 개체와 구별되는
고유의 특성.

균형

'낀 세대'를
살아가는 비결

'낀 세대'는 기성세대와 신세대 사이를 이르는 말입니다. 보통 특별한 자기 색깔을 드러내지 못하는 사오십 대 직장인을 일컫습니다. 하지만 가정 단위로 보았을 때는 자식과 부모를 동시에 부양하는 오육십 대를 대개 낀 세대라고 부릅니다. 2022년 한국리서치의 조사에 의하면 45~64세 중장년의 절반이 넘는 56퍼센트가 노부모와 성인 자녀를 동시에 부양한다고 합니다. 낀 세대에 해당하는 인구가 적지 않음을 알 수 있습니다.

개인 차는 있지만, 낀 세대의 기간이 점점 늘고 있습니다. 문명화되고 고스펙을 요구하는 사회일수록 교육 기간이 늘어나고, 그만큼 성인 자녀의 경제적 독립이 늦어집니다. 반대로 수명이 연장된 만큼 노부모를 부양하는 기간은 늘어납니다.

설상가상의 낀 세대

두 세대 사이에 끼어 있다는 느낌은 어떤 걸까요? 양옆이 든 든한 방어벽이라면 보호받는 느낌이겠지만, 낀 세대의 양옆은 '의존의 벽'입니다. 양쪽 모두 낀 세대에게 의존하니 중압감이 엄청납니다. 소통이 원활하지 못할 때는 소외감과 외로움도 배가 되지요. 자식 세대에게는 고루하다고 외면당하고, 노쇠한 부모님과는 물리적인 소통마저 제대로 되지 않습니다.

오십 중반의 지영 씨는 지인의 사업체에서 일했습니다. 사정이 여의치 않아 그만두지 못하고 일하러 다닌 지 벌써 20년이 넘었습니다. 몇 년 동안 취업 준비생이던 아들이 드디어 입사하자 지영 씨는 드디어 일에서 손을 털고 시간적으로도 여유를 가지게 되었습니다. 슬슬 남들처럼 자신을 위한 새 삶으로 재탄생하기 위해 '리본(re-born) 세대'로 돌입하려는 순간, 아들의 선전 포고를 듣습니다. 도저히 적성에 맞지 않아 퇴사했다며 또다시 취업 준비생으로 원위치했습니다.

설상가상으로 시아버지가 뇌졸중으로 입원했다는 연락을 받았습니다. 이제 겨우 자신을 위한 삶을 시작하려 했는데, 온몸의 힘이 다 빠져 버리는 것 같았지요. 언제 끝난다는 기약도 없이 두 세대를 다시 돌보아야 한다고 생각하니 눈앞이 캄캄해졌습니다. 일찌감치 아들을 분리 독립시키지 못한 자신을 탓해 봐야 소용없고, 노인 공동 부양의 사회적 책임을 따져 봐야 아무 해결책이 나오지 않습니다.

현재 낀 세대의 고통은 고스란히 각 가정과 개인의 몫입니다. 낀 세대의 기간이 길어지는 것은 경제적으로, 체력적으로, 심리적으로 심각한 위기입니다. 위기에 꺾이지 않고 기회로 전환시키려면 낀 세대의 이점을 잘 이용하는 수밖에 없습니다. 그렇다면 끼어 있음으로 얻을 수 있는 것은 과연 무엇일까요?

다시 보기와 미리 보기

중간에 끼어 있으면 양쪽의 모습을 동시에 볼 수 있으므로, '다시 보기'와 '미리 보기'가 가능합니다. 자식들과 함께 있으면 자식으로 지내던 지난날 내 모습을 다시 보기할 수 있습니다. 겸허한 마음으로 지난날을 다시 보면서 '나도 저때는 그랬구나', '저럴 때는 내가 우리 아이만도 못 했네' 하고 깨달으면 한없이 한심해 보이던 자식이 다르게 보입니다. 철없이 못되게 굴던 나를 무던히 참고 기다려 주던 부모님의 모습이 떠오르면서 진정으로 감사한 마음이 들기도 하고요.

부모 세대와 같이 살면 노쇠한 부모의 모습을 보면서 다가올 미래의 내 모습을 미리 보기 할 수 있습니다. 미리 보기로 죽음을 미리 생각해 보며 삶의 태도를 다잡을 수 있지요. 산다는 것이 하루하루 죽음과 가까워지는 것임을 깨달으면 현재의 삶을 더욱 소중히 여길 수 있습니다. 나아가 어떻게 해야 삶을 향한 집착을 내려놓고 주어진 삶에 순종할 수 있을지 생각할 수도 있겠지요. 이렇게 미리 보기를 하면 너무 늦게 깨달아 후회할 일들을 만들지 않을 수 있습니다.

끈 세대에서 언제 해방될지 막막하기만 하던 지영 씨는 책에서 이런 글귀를 읽었습니다.

"마음을 놓고 염려하지 말고 천천히 세월을 기다리는 것이 합당한 도리다."

18년의 유배 시기를 다작의 기회로 삼은 다산 정약용의 글입니다. 훌륭한 말이지만 스멀스멀 기어 나오는 반발심을 억제하기 힘듭니다.

'끈 세대의 현실을 받아들여야 한다는 건 어쩔 수 없지. 그런데 나같이 평범한 사람이 염려하지 않고 마음이 절로 놓여지냐고…'

속으로 꿍얼대며 책장을 휙 넘기는 지영 씨 눈에 사진 한 장이 확 들어옵니다. 그리스 신화에 나오는 기회의 신, 카이로스의 조각(부조) 사진입니다. 그의 손에는 저울과 칼이 들려 있습니다.

카이로스의 칼과 저울

카이로스는 그리스어로 '시간'이라는 뜻입니다. 우리가 보통 생각하는 시간과는 의미가 다릅니다. 예를 들어 하루 24시간은 누구에게나 똑같지만, 특별한 재미와 의미가 있는 하루는 매우 짧게 느껴집니다. 카이로스는 신의 뜻이 실행되는 결정적인 기회의 때가 오는 시간이고, 나와 깊이 있게 만나는 영적인 시간입니다. 기약 없이 늘어난, 고행 길로만 보이는 낀 세대의 시간에 카이로스의 시간을 접목할 방법은 없을까요?

방법을 찾기 위해 기회의 신 카이로스가 들고 있는 저울과 칼에 주목해 봅시다. 우선 낀 세대는 자신이 양쪽 세대 사이에 수동적으로 끼었다는 생각에서 벗어날 필요가 있습니다. 내가 중심에 서 있고, 양옆에 다른 세대들이 있다고 생각해야 카이로스의 칼자루를 잡을 수 있습니다. 칼은 선 긋기에 필요한 도구입니다. 칼로 양쪽 세대와 적정한 경계선을 그어 놓아야 내 공간이 생기고, 몸을 움직일 폭을 확보할 수 있습니다.

낀 세대에게는 때에 따라 양쪽 경계를 잘 넘나들며 아우르는 균형도 필요합니다. 카이로스의 저울은 그 균형 맞추기에 필요한 도구입니다. 나에게 요구되는 것과 내가 할 수 있는 만큼의 균형을 맞추고 도를 넘지 않아야 지속적인 세대 공존과 부양이 가능합니다. 도를 넘지 않고 경계를 지키다가 '야박하다', '모질어졌다', '사람이 변했다', '이기적이다' 등의 말을 듣게 될 수도 있습니다. 그러나 괴로워하지 말고 이를 비난이 아닌 추임새로 받아들여야 합니다. 그래야 소진되지 않습니다.

　세대 사이에 끼여 치열하게 살아가는 모든 이가 카이로스의 칼과 저울을 잘 사용해 낀 세대의 위기를 기회로 바꾸었으면 합니다. 때로는 칼의 단호함을, 때로는 저울의 냉정한 분별력을 잘 발휘해 닳아 없어지지 않으면서, 낀 세대의 기간 중에 카이로스의 시간을 경험하면 좋겠습니다.

<u>분리</u>

자녀와
헤어지겠다는 결심

소아 정신분석가 마가렛 말러(Margaret Mahler)에 의하면 생후 초기의 유아는 엄마를 자신과 구별하지 못하고, 엄마와 융합 상태로 있습니다. 그러다 4~5개월경 엄마로부터의 분리(분화)를 시작합니다. 유아는 기기, 서기, 걷기 등 자율적 기능을 연습하면서 엄마를 벗어나기 시작합니다. 혼자 몇 걸음을 떼고 나서 스스로 해냈다는 자기전능감을 만끽하는 한편, 엄마와 떨어져 있어서 생기는 분리 불안 때문에 홈 베이스(home base)인 엄마 품으로 다시 돌아오기도 합니다. 이러기를 되풀이하면서 점차 자신을 엄마와 분리된 한 개체로 자각하는데, 말러는 이 과정에 '분리 개별화(separation-individuation)'라는 이름을 붙였습니다.

분리 개별화란 유아의 발달 단계에서 나온 이론이지만, 오늘

날 한국 사회에서 성인 자녀와 부모의 갈등을 설명할 때도 유효한 개념입니다. 부모와 자녀가 서로 분리 개별화되지 않은 상태에서 생기는 문제가 많기 때문입니다.

과거 부족 사회에서는 성인식이 하나의 통과의례였기에 거창하면서도 비장하게 치렀습니다. 의례를 통해 성인이 되었음을 공인하고, 머리 모양이나 복장의 변화로 성인임을 가시적으로 드러내기도 했습니다. 성인식 이후 부모는 자녀를 성인으로 대우하고, 자녀는 독립된 개체로 성인의 책무를 다했습니다.

현재 우리나라에서는 만 19세부터 법적 성인이라며 5월 셋째 주 월요일을 '성년의 날'로 기념하지만, 실질적으로 자녀에게도 부모에게도 성인임이 명확하게 다가오지는 않는 듯합니다. 명실상부한 성인으로서의 자각과 승인이 불명확한 상태라면 부모와 성인 자녀는 쌍방이 서로에게서 분리 개별화되어야 합니다. 진정한 어른으로의 '심리적 재탄생'이라는 발달 과제를 안고 있는 셈입니다.

자기 자신의 삶을 살지 못하는 융합 상태

분리 개별화되지 않았다는 것은 부모와 성인 자녀가 여전히 융합된 관계라는 뜻입니다. 융합이란 둘 이상이 녹아서 하나로 섞인 상태입니다. 부모와 성인 자녀가 융합된 예를 몇 가지 들어 보겠습니다.

- 대학교 수강 신청 기간에 부모가 자녀보다도 더 초조해한다.
- 자녀가 직장에 지각할 때 부모가 상사에게 전화해 지각 사유를 둘러대며 미안하다고 말한다.
- 성인 자녀가 공개된 장소에서 무례하게 굴 때 부끄러움은 모두 부모의 몫이다.

부모가 자녀와의 공생이라는 익숙한 관성을 버리지 못하거나, 부모 자신이 성취한 것보다 자식을 통한 대리 만족이 더 큰 기쁨을 준다고 믿는 경우에는 자식과의 분리가 어렵습니다. 현경 씨의 예를 들어 보겠습니다.

현경 씨는 돌쟁이 아기의 엄마입니다. 현경 씨는 아기가 아프면 안절부절못하는 다른 엄마와는 달리 느긋한 자신이 참 이상하다고 생각합니다. '나, 엄마 맞아? 나한테 모성애가 있기는 한가?'라면서요. 반면에, 오십 대인 현경 씨 엄마는 다릅니다. 손주가 조금이라도 아픈 기색을 보이면 기겁하며 병원에 데려가고, 약도 먹이면서 알아서 다 해결해 줍니다. 딸의 일이 곧 내 일이고, 딸의 행복이 곧 내 행복인 현경 씨의 엄마는 아직 자식과 분리가 되지 않은 것 같습니다.

두 개체가 하나로 융합되었을 때, 이 융합체의 문제는 주객이 전도되는 선을 넘어 주체도 객체도 없다는 데 있습니다. 서로 분리 개별화가 되지 않으면 엄마만이 아니라 현경 씨도 자기 자신으로 살 수 없습니다. 자식을 대신해서 모든 것을 해 주는 엄마는 본의 아니게 현경 씨에게서 부모가 될 기회를 빼앗는 사람일 수도 있습니다. "가장 슬픈 것은 자기 자신을 잃는 것"이라고 말씀하신 공자님 보기에 참 애처로운 모녀가 되는 것입니다.

부모 세대의 분리 불안

왜 많은 부모가 성인이 된 자녀와의 분리를 어려워할까요? 왜 다 자란 새끼 캥거루와 마찬가지인 자식을 주머니에서 꺼내 놓지 못하고 신변 처리도, 걱정도, 실수도 다 자기 것으로 도맡아서 힘들어할까요? 대다수 이런 부모는 정말 열심히 사는 사람들입니다. 자녀를 향한 그네들의 헌신성은 누구도 부정하지 못하지요.

이런 헌신성의 뒷면에는 불안이 숨어 있습니다. 유아는 엄마로부터 분리되기 위해 매우 힘든 과정을 겪어 내야 합니다. 엄마와 떨어지면 죽음 같은 불안이 수반되니까요. 그러나 아이는 혼자 기고 서고 걸음을 내딛으며 자기효능감의 희열도 맛봅니다. 불안이 엄습하면 엄마에게 돌아오지만, 앞서 경험한 희열을 떠올리며 분리 불안과 맞설 용기를 냅니다. 유아의 분리 개별화는 불안과 희열의 양가감정을 오가며 엄마로부터 멀어지기와 되돌아오기를 거듭하는 길고 지루한 과정과 있는 힘을 다해서 싸운 결과입니다.

　성인 자녀와의 분리에서도 부모에게 가장 힘든 일은 불안을 견디는 것입니다. 이제껏 울타리 안에서 자식을 돌보아 온 부모에게, 더 이상 통제할 수 없는 자식은 불안하기 이를 데 없습니다. 이 불안을 어떻게 수용하고 견뎌 내느냐가 자식과의 분리 개별화의 관건입니다.

　모든 부모는 자식이 마주할 삶의 난관을 생각만 해도 고통스러워합니다. 할 수만 있다면 시련을 대신해 주고 싶은 것이 모든 부모의 마음입니다. 하지만 대신해 줄 수 있다 해도 참아야 합니다. 그것이 성인 자녀의 부모에게 주어진 발달 과제입니다. 불안과 충동을 견디지 못하여 '내가 있어야 하는데. 내가 해 줘야 하는데…' 하며 자꾸 손을 내밀면 관계를 융합 단계로 퇴행시키게 됩니다.

　자녀가 고생하지 않았으면 하는 바람에서 모든 일을 대신하는 부모의 마음 밑바닥에는 오만함과 불신이 숨어 있습니다.

"나는 힘들어도 이겨 냈지만 아마 너는 무너질 거야" 하고 생각하는 부모들은 결코 자녀에게 "너는 잘해 낼 수 있어. 너는 네가 생각하는 것보다 훨씬 강하단다"라고 말하지 못합니다. 부모 기준에서 믿음직한 자녀는 그리 많지 않지만, 정말로 미덥지 못하다기보다는 믿어 주지 않기 때문에 미더워지지 않는 경우가 더 많다는 것 또한 염두에 두어야 합니다.

부모가 개입하지 못할 때 벌어질 사태를 부정적으로 상상하며 불안의 눈덩이를 굴리는 것도 문제입니다. '바늘 도둑이 소도둑된다'며 일어나지도 않은 일을 기정사실화하면, 불안으로 엄청난 정신적 고통을 겪을 수밖에 없습니다. 결국 불안을 견디지 못하고 자녀와의 융합 상태로 되돌아갑니다. 자식을 다시 부모의 울타리로 불러들이고 통제 아래 두려는 것입니다. 꼭 건너야 할 불안의 강을 제때 건너지 못하고 평생 융합의 쳇바퀴에 갇힐 수도 있는데 말입니다.

이때 불안을 회피하는 전략의 하나는 '헌신성'입니다. 열심히 움직여서 불안이 주는 정신적 고통을 몸으로 대체하는 것입니다. '내가 하면 덜 힘들고 빠르니까'라며 헌신하는 대리자의 역할을 효율성의 이름으로 합리화합니다. 불안을 인내하며 기다리는 고통보다 몸이 고되더라도 부지런히 움직이는 것이 낫다고 생각하는 셈입니다.

자녀들은 지난날 부모의 돌봄을 받던 어린 시절과 헤어질 결심을 하고, 이를 실행해야 성인이 될 수 있습니다. 분리 개별화 되지 못한 상태에서 부모의 헌신성은 결과적으로 자식이 성인 이 될 수 없게 방해하는 돌부리가 됩니다. 혹자는 성인 자녀에 게 밀착 융합되어 있는 상태를 안정 애착으로 착각하기도 하지 만, 이미 커 버린 자녀는 오래된 부모의 울타리 안에서 결코 안 전할 수 없습니다.

융합 아닌 유대로

1960년대 미국은 다문화 민족 정책인 '멜팅 포트(melting pot)'를 펼쳤습니다. 국가라는 용광로(pot) 안에서 개별의 민족 문화를 용해시켜(melt) 하나로 융합한다는 정책이었죠. 이 정책은 끝내 실패했습니다. 개별 민족 문화의 소멸로는 국민 통합을 이룰 수 없기 때문이었습니다. 이후 대안으로 등장한 이론이 '샐러드 볼(salad bowl)'입니다. 둥근 유리 그릇에 담긴 샐러드처럼 개별 민족 문화의 모습을 제각기 드러내면서 공존하는 것이 진보한 국가 통합의 길이라는 이론입니다.

가정도 국가와 마찬가지입니다. 부모와 성인 자녀들이 각기 분리 개별화되지 못한 채 멜팅 포트의 융합 상태에 있으면, 그 관계는 바람직한 방향으로 발달할 수 없습니다. 멜팅 포트 안에서는 1+1=1의 통합이 불가능합니다. 오히려 1+1=0, 즉 '너도 없고 나도 없는' 심각한 문제 상황이 벌어집니다.

이번에는 샐러드 볼 이론을 가정에 적용해 봅시다. 샐러드 볼에는 부모는 부모대로, 자식은 자식대로 각각의 모습이 투명하게 담길 수 있습니다. 그다음 단계로 중요한 것 있습니다. 샐러드를 버무릴 소스의 선택입니다. 기껏 부모와 자녀가 분리된 모습으로 담겼는데, 부모가 일방적으로 만든 소스로 버무려진다면 샐러드는 부모의 기호에만 맞는 맛이 됩니다. 어떤 소스를 뿌릴 것이냐는 개별화된 부모와 성인 자녀 사이의 합의를 거쳐야 합니다.

자녀가 어릴 때처럼 부모가 모든 일을 주도하려고 들면 가정의 세대 간 통합은 어렵습니다. 자녀가 부모를 존중하는 것처럼, 부모 역시 성인 자녀를 독립된 하나의 인격체로 존중해야 합니다.

성인 자녀를 존중한다는 것은 부모가 자녀를 성인 대 성인이라는 대등한 관계로 보는 것입니다. 성인 자녀를 가정의 한 구성원으로 대우하고 의사 결정에 참여하도록 하는 것입니다. 성인 자녀와 부모의 합의를 거쳐 선택한 소스로 각각의 구성원들이 버무려질 때, 가정에서도 샐러드 볼의 진가가 드러납니다. 멜팅 포트 안의 융합이 아닌 성인 대 성인으로 연합된 유대관계가 부모 자식 사이에 자리 잡는 것이지요.

부모가 보기에 부족하다고 성인 자녀를 나이를 먹고 덩치만 큰 어린애라고 못 박아 버리면 자녀 내부에 자라나는 성인다움을 발견할 수 없습니다. 자녀가 진정한 성인이 되는 데 가장 필요한 것은 부모로부터 자신이 개별화된 성인으로 존중받고, 그 역할과 책임을 다할 기회를 제공받는 것입니다.

편견

지금부터
탈꼰대 솔루션

꼰대는 자기만의 고정관념, 선입견을 지닌 사람입니다. 주로 나이 든 사람들이 꼰대 소리를 듣지만, 자기생각만 고집하는 불통의 90년대생 꼰대도 있습니다. 꼰대를 나이로만 구분할 수는 없는 셈입니다. 그렇지만 나이 든 사람 중에 꼰대가 많다는 것은 부정할 수 없는 사실입니다.

나이가 들면 점점 생각이 굳어져 벽창호 꼰대가 된다고 합니다. 하지만 나이 든 사람일수록 다양한 삶의 경험을 통해 한 가지만이 정답이 아니라는 것을 알고 있기 때문에 어쩌면 젊은 사람보다 꼰대에서 탈출하기 더 유리할 수도 있습니다.

많은 경험과 지혜가 축적되면서 연륜이 쌓이니, 나이를 그냥 먹는 것은 아닙니다. 산전수전을 모두 겪은 어른들은 자신의 과오를 되풀이하지 않기를 바라는 마음으로 어린 사람들에게 자신의 경험과 지혜를 나누어 주고 싶어 합니다. 꼰대도 출발은 이 같을 수 있습니다.

자기확신이 충고질의 대가를 만든다

꼰대의 문제는 다른 사람에게 일방적으로 자기생각과 살아온 방식을 강요한다는 것입니다. 이런 사람들은 대부분 자기확신에 차 있습니다. 인터넷으로 접하는 엄청난 양의 정보들이 이 확신을 더 공고하게 합니다. 대부분 기존의 추천 알고리즘에 의한 정보라 편향성을 배제하기가 어려운데 말입니다.

그런고로 '나도 틀릴 수 있다'는 가능성은 완전히 무시한 채 열정을 다하는 충고질의 대가가 됩니다. 다 잘되라는 충고라지만, 섣부른 충고는 대부분 역효과를 낳습니다. 상대방이 원하지 않는 충고는 참견일 뿐입니다. 때로는 침범이 되기도 합니다. 무시당하거나 소외당하고 싶지 않아서 권위를 내세우고 꼰대질을 하면 내 마음과 정반대의 결과에 맞닥뜨리기 십상입니다.

누구도 기피 대상인 꼰대가 되고 싶어 하지 않습니다. 이에 인터넷에서 스스로의 꼰대 수치가 어느 정도인지 가늠해 보기도 하지요. 스스로의 꼰대 성향을 알아채면 조심해야겠다고도

생각합니다. 그렇다면 꼰대 소리를 듣지 않으려면 어떻게 해야
할까요?

기능 고착에서 벗어나기

'기능 고착'은 인지 편향을 가리키는 심리 용어입니다. 대상이
나 사물이 가진 일반적인 기능만 생각하고, 그 밖의 다른 기능
을 보지 못하는 현상을 가리킵니다. 예를 들어, 고무장갑을 '장
갑'으로만 본다고 칩시다. 구멍이 나면 더 이상 쓸모가 없어지
므로 버려야 합니다. 그러나 '고무'라는 재질의 기능도 함께 생
각하면 장갑의 손가락이나 손목 부분을 잘라 다양한 크기의 고
무 밴드로 재활용할 수 있습니다.

한창 나이에 생산성을 창출하던 주요 기능은 나이 듦에 따라
대부분 쇠퇴했을 것입니다. 쇠퇴해서 없어진 기능에서 벗어나
지 못하는 상태라면 스스로가 더 이상 생산적 가치가 없는 쓸모
없는 존재로 느껴질 수밖에 없습니다. 그래서 말머리마다 "라떼
는(나 때는) 말이야" 하고 튀어나오게 됩니다. 현재의 내가 무가
치하다고 생각하니 과거에 살게 됩니다. 찬란한 과거에 연연하
거나 사로잡혀 있으면 내 안의 다른 기능을 선보일 기회가 사라
집니다.

앙리 마티스(Henri Matisse)는 강렬한 색감과 거침없는 표현으로 유명한 프랑스의 야수파 화가입니다. 말년에 그는 건강이 아주 좋지 않았습니다. 대장암 수술을 받았고, 폐 건강도 나빠졌습니다. 의사는 물감에서 나오는 성분 때문에 폐가 더 악화될 수 있다며 마티스의 장기이던 유화를 그리지 말라고 했습니다.

그러나 마티스는 그림 그리기를 포기하지 않았습니다. 현재 상황에서 할 수 있는 일을 찾았지요. 연필을 들고 간결하고 담백한 그림을 그렸습니다. 색종이도 이용했습니다. 그렇게 '색종이 콜라주'라는 새로운 기법을 탄생시켰습니다.

마티스는 이를 '가위로 그리는 그림'이라 불렀습니다. 붓과 물감으로 대표되던 전성기의 기능에만 고착되지 않고, 새로운 방법을 찾아낸 것입니다. 그러니 옛 그림을 들추며 "라떼는 말이야" 하고 말할 필요가 없었습니다. 마티스는 "이렇게도 그릴 수 있다네"라며 죽기 전까지 작업할 수 있음에 감사했을 것입니다.

역할 고착에서 벗어나기

꼰대 성향에서 벗어나기 위해 또 한 가지 유념해야 할 것은 '역할 고착'에서 벗어나는 것입니다. 나이가 들면 역할도 기능처럼 상실하게 됩니다. 반면에 새롭게 주어지는 역할도 있지요.

은퇴해 직장 상사라는 역할을 잃은 뒤에, 손주가 생겨 조부모라는 새로운 역할을 맡을 수도 있습니다.

우리는 성별이나 나이와 지위에 따라 주어진 역할을 수행하며 삽니다. 모든 역할은 시대에 따라 달라집니다. 때로는 그 구분이 없어지기도 하지요. 역할에 대한 자기의 기준을 지나치게 강조하거나 불변의 것으로 인식하면 새로운 세대와 소통이 불가능한 꼰대가 되기 십상입니다. 과거의 성 역할에 고착되어 부엌일은 여성만 하는 것이라고 생각하거나, 맏이에게만 치우친 부모 부양 책임을 강조한다면 시대에 역행하는 꼰대가 될 수 있습니다.

퇴계 이황은 역할이라는 틀에서 자유로웠습니다. 스승은 가르치는 사람이고, 제자는 배우는 자라는 역할을 구분 짓지 않았습니다. 스승도 제자에게 배울 수 있다고 생각했지요. 그래서 자신보다 26세 어린 제자 기대승을 학문의 동반자로 존중했습니다. 오랫동안 많은 편지를 주고받으며 학문적 교류와 공방을 이어갔지요. 퇴계는 후에 자기생각이 잘못되었음을 밝히며 편지에 다음 같은 글을 남기기도 했습니다.

"공(기대승)의 가르침에 힘입어 기존의 망령된 견해를 버리고, 새로운 뜻을 얻고 새로운 품격을 펼치게 되었으니 매우 다행입니다."

　어른의 품격은 권위를 내세울 때가 아니라 끊임없이 자신을 변화시켜 나갈 때 생깁니다. 아직 내 안에서 깃든 기능들을 찾아보세요. 몸 쓰는 일은 못 하지만 정감 넘치는 목소리로 동화를 구연하는 할머니는 아이들과 잘 소통합니다.

　역할을 향한 고정관념을 바꾸어 보세요. 요리를 배워 명절상을 차리는 할아버지는 더욱 존경받는 집안의 어른이 됩니다. 꼰대기(번데기의 사투리)가 날개 달린 성충이 되려면 고치를 찢고 나와야 하듯, 사람도 진정한 어른으로 성숙하려면 스스로 만들어 놓은 낡은 틀에서 벗어나야 합니다.

착각

반복하면
바뀐다는 오해

듣는 이가 달가워하지 않는데도 계속하는 말은 잔소리가 됩니다. 잔소리는 듣는 쪽에서 '그만했으면' 하고, 말하는 쪽에서도 '그만해야지' 하면서도 반복하는 말입니다. 그래서 잔소리 논쟁은 "잔소리 좀 그만하라"에 맞서 "잔소리 좀 안 하게 하라"고 하는 팽팽한 설전의 양상을 보입니다.

말하는 이의 의도가 어떻든 듣는 이가 잔소리라고 생각하면 아무리 좋은 말도 잔소리일 수밖에 없습니다. 그것을 알면서도 상대방을 생각하는 마음에 안 할 수가 없다며 하고야 마는 말이 잔소리입니다. 잔소리의 특징은 반복된다는 것입니다. 바꾸어 말하면 그만큼 효력이 없다는 뜻입니다. 한 번에 안 되니까 여러 번 계속 말하면서 오히려 상대방의 반발심만 더 자극하고,

급기야 소통을 단절시킵니다.

잔소리에 담긴 통제 욕구

말하는 사람도 결코 유쾌하지 않은 잔소리를 왜 쉽게 멈출 수 없을까요? 나와 무관하고 기대도 전혀 없는 사람에게는 아무도 잔소리하지 않습니다. 나와 아주 가까운 관계에 있는 사람, 내가 영향력을 행사할 수 있다고 믿는 사람에게 잔소리를 합니다.

부모와 자식, 배우자, 교사와 학생, 직장 상사와 부하 직원, 연인, 친구…. 모든 관계에서 오가는 잔소리에는 기본적으로 관심과 기대, 염려가 있습니다. 한 번으로 충분한 충고나 훈계에도 잔소리와 마찬가지로 관심과 기대, 염려가 담겨 있습니다. 그런데 감사하며 받아들이는 충고나 훈계와는 달리 잔소리에는 어째서 거부감이 앞설까요?

잔소리에는 상대방을 통제하려는 의도가 담겨 있습니다. 잔소리하는 사람은 자기생각이 절대적으로 옳다는 믿음으로 상대방을 통제하려고 합니다. 그래서 잔소리할 때는 주로 "…해야 한다"며 마땅히 그렇게 해야 한다는 표현이나 "왜 …하지 않느냐?" 같이 추궁하는 어투를 사용합니다.

자기생각과 삶의 방식이 최선이라는 확신이 있다면 누구든 그것을 상대방에게 권할 수 있습니다. 그러나 잔소리의 달인들은 권유의 수준을 넘어 일방적으로 자기 말을 따르라고 강요합니다. 사람마다 생각을 동작으로 옮기는 정신 운동 속도가 모두 다르다는 것을 배려하지 못하고, 자기 말대로 곧바로 행동이 바뀌기를 기대합니다. 변화하는 시간을 기다리지 못하고 초조한 마음에 이미 한 말을 또 하면 잔소리가 되는 것입니다. 설령 잔소리에 진리가 담겨 있다고 해도 상대방이 끝내 튕겨 나갈 수밖에 없는 이유입니다.

입 밖으로 말을 꺼내는 것이 내 자유이듯, 받아들이느냐 마느냐 결정하는 것도 듣는 사람의 자유입니다. 그런데 잔소리는 상대방의 필요보다는 말하는 사람의 통제 욕구가 앞선 말입니다. 상대방에게 한 말임에도 불구하고 말한 사람이 계속 말의 끈을 잡고 있는 격입니다. 그래서 의도한 바를 이룰 때까지 계속 같은 소리를 해 댑니다. 정작 듣는 이에게는 닿지 못하고, 무시당하거나 태도가 돌변하게 만드는 결과로 끝납니다.

인간관과 맞닿은 잔소리의 출처

잔소리를 좀 더 깊게 파 보면, 결국 사람을 어떤 존재로 보느냐 하는 인간관과 맞닿아 있습니다. 인간을 수동적인 존재로 바라보는 사람은 의무감으로 상대방을 채근합니다. 잔소리 덕에 어떤 행동이 좋게 달라질 수 있지만, 길게 볼 때 인간 성장의 기본 덕목인 자율성이 훼손되는 결과를 가져올 수도 있는데 말입니다.

발달 심리학자 장 피아제(Jean Piaget)는 "가르치려 들수록 아동의 학습력은 떨어진다"고 했습니다. 이를 잔소리로 인한 인간 자율성의 침해와 연관 지어 생각할 필요가 있습니다. 사람은 잘 바뀌지 않습니다. 맞는 말이기도 하고 그렇지 않기도 합니다. 분명한 것은 잔소리로 다른 사람을 변화시키는 것은 정말 어렵다는 것입니다. 바뀐다 해도 결과적으로 바람직하지 못하고요.

인간 중심 상담을 창시한 미국의 심리학자 칼 로저스(Carl Rogers)는 모든 인간을 삶의 의미를 능동적으로 창조하는 능력 있는 존재로 보았습니다. 인간 모두는 자기 자신이 되고자 하는 방향으로 성장하려는 자기실현 경향성을 지녔고, 그것을 위해 노력하며, 성장 방해 요인을 극복할 능력을 지니고 있다고 믿었지요. 사람을 평가하거나 판단하지 않고 무조건적이고 긍정적으로 존중해 주는 것이 인간관계의 핵심이라고 말하고, 구체적인 방법의 하나로 적극적인 경청을 제안했습니다.

경청은 잔소리와 반대됩니다. 가르치거나 개입하려 드는 것이 아니라, 온 마음으로 들어 주는 것이니까요. 자신의 불안과 통제 욕구를 잘 가라앉혀 잔소리로 분출하지 않고, 침묵의 시간 조차 견뎌 주는 것이 경청입니다. 잔소리는 소통을 차단하지만 경청은 상대방이 말문을 열게 합니다. 이야기하면서 자기가 가야 할 길을 스스로 찾아가게 하는 셈입니다.

잔소리 없는 날

독일의 아동문학가인 안네마리 노르덴(Annemarie Norden)의 동화《잔소리 없는 날》의 주인공은 엄마 아빠의 잔소리가 늘 불만스러웠습니다. 그러다 어느 하루를 '잔소리 없는 날'로 허락받았습니다. 그날 아이는 하기 싫은 일은 아예 하지 않고, 하고 싶은 일은 마음껏 했습니다. 세수도 양치질도 안 하고, 자두 잼을 실컷 퍼먹었지요. 주정뱅이를 집에 데려오기도 하고, 밤에는 공원에서 텐트를 치고 놀았습니다. 그렇게 하고 싶은 일만 하면 어떤 일이 벌어지는지 스스로 경험하며 깨달아 가는 과정이 이야기 속에 담겼습니다.

어른의 입장에서 이 동화처럼 '잔소리 없는 날'을 경험해 보면 어떨까요? 하루 종일 아무에게도 잔소리하지 않으면 어떤 어려움이 있을까요? 또 얻는 것은 무엇일까요? 잔소리 말고 진(眞)소리, 단 한 방으로도 잘 먹히는 참소리를 하려면 어떻게 해야 할까요? 여러모로 생각해 보는 좋은 기회가 될 것입니다.

제대로 나이 든 사람은 자기 안의 불안을 잘 다루고, 상대방을 향한 통제 욕구를 자제할 수 있습니다. 그러니 나이가 들수록 잔소리는 줄어야 마땅하지요. 그런 이치로 본다면 잔소리하면서 우리가 무심결에 덧붙이는 "노파심에 잔소리한다"는 말은 나이가 먹을수록 오히려 "노파심으로 잔소리 안 한다"로 바뀌어야 하지 않을까요?

개성

그림자와
마주 서는 순간

오십이 넘은 이후부터 "마음을 비우라"는 말을 많이 듣습니다. 과욕과 허세, 불안, 근심과 걱정, 시기와 질투, 난폭함, 수치심, 죄책감 등은 비워 내고 싶은 마음의 무거운 짐입니다. 하지만 이런 마음의 짐들을 비워 내기란 참 막막합니다. 마음의 짐은 대부분 이미 내 마음의 한 부분에 아주 찰싹 붙어 있기 때문에 더욱 비우기 힘듭니다.

아무도 미워하지 않는 삶을 살려면

오십을 넘기며 경미 씨는 '웰다잉'에 관심을 가졌습니다. 자신의 묘비명도 미리 지어 봤지요. '아무도 미워하지 않는 자의 죽음.' 젊을 적 읽은 책의 제목에서 따왔습니다. 나치에 항거하다 죽은 남매의 이야기였습니다. 내용도 감명 깊었지만, 무엇보다 책 제목에 끌렸습니다.

경미 씨는 자기가 지었지만 썩 멋진 묘비명이라고 생각했습니다. 다만 하나 걸리는 점이 있습니다, 묘비명대로라면 죽는 날까지 아무도 미워하지 않아야 하는데, 사실 경미 씨는 유독 막내 동서가 밉습니다.

누군가를 심하게 미워하는 경미 씨가 묘비명을 '아무도 미워하지 않는 자의 죽음'이라고 지은 것은 우연이 아닙니다. 알게 모르게 미움으로 인한 마음의 짐을 벗고자 하는 경미 씨의 속내가 작용했다고 볼 수 있으니까요. 누군가를 미워할 때 생기는 부자유의 질곡은 미움받는 사람이 아니라 미워하는 사람이 차게 됩니다. 막내 동서를 미워하는 경미 씨의 마음이 늘 불편한 이유입니다.

막내 동서는 경미 씨를 손윗사람으로 잘 대접합니다. 특별히 미워할 이유가 없는데도 처음 보는 순간부터 그냥 미웠습니다. 얼마 전부터 경미 씨는 '아무리 따져 봐도 막내 동서가 잘못한 일이 없는데 이렇게 미워하는 것은 나에게 이유가 있지 않을까' 하고 막연히 생각하게 되었습니다.

그리고 보니 경미 씨가 이유 없이 미워한 사람이 한 사람 더 있습니다. 성애라는 초등학교 때 반 친구입니다. 경미 씨는 성애도 막내 동서처럼 이유 없이 미웠습니다. 결국 성애를 왕따시켜서 담임 선생님이 중재했는데 "그냥 싫어서 그랬다"는 경미 씨의 말에 담임 선생님은 난감해 했습니다. 평소 솔선수범하고 착실한 경미 씨가 앞장서서 친구를 따돌렸다는 사실이 당혹스러웠기 때문일 것입니다.

이 사건은 '아무도 미워하지 않는 자의 삶'을 살고 싶은 경미 씨에게는 오점의 역사입니다.

그림자와의 만남을 위한 마음 탐색

경미 씨의 막내 동서와 초등학교 반 친구 성애에게는 공통점이 있습니다. 둘 다 싹싹하고 애교가 많다는 것입니다. 경미 씨의 성격과는 아주 다릅니다. 듬직한 외모와 과묵한 성격의 경미 씨는 자신과 애교는 어울리지 않고, 노력해도 얻을 수 없는 것이라고 생각했습니다. 경미 씨는 애교 넘치는 말투로 담임 선생님의 총애를 받는 성애가, 애교만점으로 시댁 식구들의 사랑을 독차지하는 막내 동서가 사실 부러웠습니다.

경미 씨는 자기에게 없는 것을 갈망하는 스스로의 모습을 지지리 못나고 수치스럽다고 생각했습니다. 그런 자기모습을 무의식 속의 그림자로 떠돌게 만들었지요. 그러다 보니 자신도 모르게 애교스러움을 가증스러운 것, 위선적인 것으로 왜곡하고, 그런 성향의 사람들을 미워한 것입니다.

융의 개성화 과정

칼 융의 분석심리학에서는 마음의 짐을 비워 내라고 하지 않습니다. 나와는 별개의 것으로 무시하고 싶거나 버리고 싶은 것들도 나의 한 부분으로 받아들이고 다른 마음의 부분들과 잘 연결시켜야 한다고 말합니다. 그래야 스스로를 온전한 전일체(全一體)로 통합할 수 있다고요. 조각조각 흩어진 나의 부분들을 잘 맞추어 전체의 퍼즐판을 완성해야만 본래 타고난 온전한 자기를 찾아갈 수 있다고 말합니다.

이렇게 부분들의 통합으로 전체를 아우르고 자기모습을 찾아가는 과정을 융은 '개성화(individuation)' 또는 '자기실현(self-realization)'이라고 했습니다. 융은 이 개성화의 여정을 인생의 오후인 중년의 시기에 시작해야 한다고 말했습니다.

개성화 과정은 버려서 비우는 것이 아니라 만나서 연결하는

과정입니다. 의식 세계에서 나(자아)에 의해 열등하거나 유치하
다고 생각되어 억압된 부분들은 보이지 않는 무의식의 세계로
밀려나는데, 융은 이것을 '그림자'라고 했습니다. 내가 보려고
하지 않으면 그림자는 계속 무시된 상태로 남아 영원히 나와 만
날 수 없습니다.

개성화 과제 중 하나는 의식 세계의 자아와 무의식 세계의 그
림자가 만나 성숙한 관계를 맺는 것입니다. 성숙한 관계를 맺기
위해서는 마음을 탐색해 그림자를 각성하고, 그림자가 나의 일
부라는 것을 인식하고 인정해야 합니다.

영국의 소설가이자 시인인 로버트 루이스 스티븐슨(Robert
Louis Stevenson)의 단편 소설 《지킬 박사와 하이드》를 보면, 의사
인 지킬 박사는 자신의 악한 부분만 분리시켜 하이드라는 악인
을 만들어 냅니다. 선량한 의사 지킬과 악인 하이드를 오가며
이중생활을 하던 그는 끝내 죽음이라는 최후를 맞습니다. 악한
그림자 부분을 다른 인격체로 분리시킴으로써 끝내 자신의 그
림자와 만나지 못해 맞이할 수밖에 없었던 결말입니다. 즉, 지
킬 박사는 그림자까지 포함된 본래 자기 삶을 살지 못했기 때문
에 비극적인 결말을 맞이할 수밖에 없었던 것입니다.

경미 씨가 수치스러워하던 자기의 그림자와 만난다면, 정반
대의 성격을 갈망하는 자신도 한 부분으로 받아들이게 됩니다.

가지지 못한 것, 되지 못하는 것을 부러워하는 마음의 한 부분을 수치스러워할 이유가 전혀 없음을 깨닫게 될 테니까요. 그렇게 된다면 경미 씨는 전보다 가벼운 마음으로 온전한 참모습을 향해 가는 개성화의 여정을 계속해 나갈 수 있을 것입니다.

· 5장 ·

속박에서 해방되겠다는 결심
POINT

균형

- 오십은 부모와 자식이라는 양쪽의 세대에 낀 세대이다.
- 소통이 원활하지 못할 때는 소외감과 외로움도 배가 되는 세대이다.
- 나에게 요구되는 것과 내가 할 수 있는 만큼의 균형을 맞추어야 지속적인 세대 부양과 세대 공존이 가능하다.

분리

- 부모가 자녀와의 공생이라는 익숙한 관성을 버리지 못하거나, 부모 자신이 성취한 것보다 자식을 통한 대리만족이 더 큰 기쁨을 준다고 믿는 경우 자식과의 분리가 쉽지 않다.

- 자식과 분리됨으로써 찾아온 불안을 어떻게 수용하고 견뎌 내느냐가 자식과의 분리 개별화의 관건이다.
- 자녀가 진정한 성인이 되는데 가장 필요한 것은 부모로부터 자신이 개별화된 성인으로 존중받고 그 역할과 책임을 다할 기회를 제공받는 것이다.

편견

- 나이 들면 생각이 점점 굳어진다고 하지만, 어쩌면 젊은 사람보다 꼰대에서 탈출하기 더 유리할 수도 있다.
- 어른의 품격은 권위를 내세울 때가 아니라 끊임없이 자신을 변화시켜 나갈 때 생긴다.

착각

- 듣는 쪽에서 '그만했으면' 하고, 말하는 쪽에서도 '그만해야지' 하면서 반복하는 말은 잔소리이다.
- 잔소리하는 사람은 자기생각이 절대적으로 옳다는 신념을 가지고 그것대로 상대방을 통제하려고 한다.
- 주로 "…해야 한다"의 당위적인 표현이나 "왜 …하지 않느냐?"라는 행동을 추궁하는 어투를 사용한다.
- 제대로 나이 든 사람은 내 안의 불안을 잘 다루고, 상대방에 대한 통제 욕구를 자제할 수 있다.

개성

- 오십이 넘다 보면 "마음을 비우라"라는 말을 많이 듣는다.

- 과욕, 허세, 불안, 근심, 걱정, 시기, 질투, 광폭성, 수치심, 죄책감 등은 비워 내고 싶은 마음의 무거운 짐이다.

- 칼 융의 분석심리학에서는 나와는 별개의 것으로 무시하고 싶은 것도 나의 한 부분으로 받아들이고 다른 마음의 부분들과 잘 연결시켜야 한다고 말한다.

- 개성화 과제 중 하나는 의식 세계의 자아와 무의식 세계의 그림자가 만나 성숙한 관계를 맺는 것이다.

이 정도면
괜찮은
삶에 대하여

오십의 균형 잡기

○ 오십을 완성하는 단어들

절친하다

[절친하다] 형용사.
더할 나위 없이 아주 친하다.

습관

[습꽌] 명사.
어떤 행위를 오랫동안 되풀이하며
저절로 익혀진 행동 방식.

관점

[관쩜] 명사.
사물이나 현상을 관찰할 때,
보고 생각하는 태도나 방향.

현재

[현: 재] 명사.
지금의 시간.

용기

[용: 기] 명사.
씩씩하고 굳센 기운.
또는 사물을 겁내지 아니하는 기개.

일탈

[일탈] 명사.
본디의 목적이나 길, 사상,
규범 따위로부터 빠져 벗어남.

절친

내가 나의
친구가 된다는 것

사람들은 성격에 따라 친구를 맺는 상황이 다릅니다. 사교적이거나 외향적인 사람은 대체로 많은 사람과 잘 어울리고 마당발 인맥의 친구관계를 지닌 경우가 많습니다. 반대로 성격이 내성적인 사람은 아주 친한 한두 명의 친구와 깊은 관계 맺기를 더 좋아합니다.

핀 포인트 친구관계

성공적인 삶을 위해 폭넓은 친구관계가 더 유리하다고 말하는 사람도 있지만, 《스탠퍼드는 명함을 돌리지 않는다》를 쓴 라이언 다케시타는 스탠퍼드 유학 시절의 경험을 토대로 폭넓은 인맥보다는 친밀한 몇몇 사람과의 깊은 관계, 즉 핀 포인트(pin point) 인간관계가 더 필요하다고 말합니다. 그러나 대부분 나이가 들면 행동 반경이 줄어들면서 내 의도와는 상관없이 친구관계가 핀 포인트 관계로 전환되고는 합니다.

한창 코로나19가 기승을 부리던 시기에는 만남 자체가 제한되면서 몇몇하고만 얼굴 보며 지내는 것이 일반적이었습니다. 때로는 이렇게 축소된 관계마저도 사라져 독불장군, 외톨이가 되는 일도 있지요. 인맥 다이어트도 정도가 너무 심하면 관계망 실조가 되어 정신 건강을 해칩니다. 그러니 친구들과의 건강한 관계를 잘 지속하는 것이 중요합니다.

친구의 존재는 평생 중요하지만, 인생 후반기에 접어들면 정말 소중해집니다. 아무도 친구가 되어 줄 수 없는 사람들을 위해 친구 역할을 해 주는 감성 로봇도 개발 중이지만, 아직까지 진짜 인간 친구가 주는 심신의 휴먼 터치(정서적 접촉과 따뜻한 온기 등을 뜻함)를 제공해 주기는 어려워 보입니다.

친구들과의 소중한 관계는 그 무엇과도 바꿀 수 없습니다. 이런 관계를 잘 유지하는 일은 행복한 삶에 꼭 필요합니다. 이를 위해 유념할 것은 친구와의 관계에 앞서 나 자신과의 관계부터 점검해야 한다는 것입니다.

융 심리학자 제임스 홀리스는 "우리가 타인과 맺는 애정관계의 질은 우리가 자기 자신과 맺는 관계와 정비례한다"고 했습니다. 이 말을 우정에 적용하면 내가 스스로에게 소홀하거나 존중하지 않는다면, 그 같은 행태가 친구와의 관계에도 반영된다고 해석할 수 있습니다. 그런 맥락에서 친구관계 재정비에 앞서 스스로와의 친구 맺기가 반드시 선행되어야 합니다.

내가 나의 친구가 된다는 것

나와 친구 맺기란 누구보다 먼저 내가 나에게 가장 친한 친구, 즉 베스트 프렌드(Best Friend)가 되어야 한다는 것입니다. 누구보다도 나 자신과의 관계가 건강하게 형성되어 있어야만 다른 친구들과의 관계를 잘 유지하고, 새로운 관계의 확장도 꾀할 수 있습니다.

친구란 누구보다 나를 잘 이해하고 나에게 공감하는 존재입니다. 한 사람을 제대로 이해한다는 것은 그 사람을 총체적으로 알고 있다는 사실을 전제합니다. 아는 것이 거의 없는 사이를 친구라고 하지는 않지요.

'나'는 스스로를 가장 잘 이해하고 공감할 수 있는 사람입니다. 어린 시절부터 현재에 이르기까지의 나를 제대로 알고 있다면 지금의 내가 왜 그런 생각과 행동을 하며, 왜 그런 느낌을 받았는지 누구보다 잘 이해하고 공감할 수 있습니다.

사람들은 때때로 자기 자신에게 너무 관대하거나 혹은 너무 가혹합니다. 그럴 때는 자신의 모습을 있는 그대로 보지 못하지요. 오목거울이 보여 주는 뚱뚱이, 또는 볼록거울이 보여 주는 날씬이로 왜곡된 허상이 자기 자신이라고 생각합니다.

나 자신은 때때로 있는 그대로의 나를 보지 못합니다. 그러나 친한 친구는 늘 평면거울처럼 나를 있는 그대로 봐 줍니다. 내가 나의 친구가 된다는 것은 왜곡되지 않은 관점으로 스스로를 보겠다는 뜻입니다. 그래야 나를 잘 이해하고 공감할 수 있기 때문입니다. 또한 스스로를 진심으로 믿고, 중심에 나를 세워 준다는 뜻이기도 합니다. 그러니 다음 같은 확언으로 한결같이 나를 응원해 줍시다.

- 친구야, 너는 눈에 드러나지 않아도 나날이 성장하고 있어.
- 친구야, 너는 나쁜 경험도 넉넉히 상쇄할 수 있을 만큼 긍정적인 자원을 지녔어.
- 친구야, 너에게는 도움을 요청하면 들어 줄 친구들이 있어. 너 또한 너의 도움이 필요한 곳에 달려갈 준비가 되어 있어.
- 친구야, 너는 너를 위한 최선이 무엇인지 알고 그것을 선택하고 있어.

- 친구야, 너에게는 무한한 가능성이 있고 그 가능성을 창조적으로 실현할 수 있어.

- 오십 년이 넘도록 가장 가까이에서 너를 알아 온 나라서 자신 있게 너에 대해 말하는 거야.

스스로에게 받은 배려와 존중이 친구관계로

정현 씨는 한여름에도 친구에게 긴팔 티셔츠를 선물합니다. 그 친구가 팔뚝의 심하게 패인 상처를 다른 사람에게 보이고 싶어 하지 않는다는 걸 알기 때문입니다. 내가 나의 가장 친한 친구가 된다는 것은 정현 씨가 친구에게 하듯 스스로를 배려하고, 내가 원하는 방식으로 대접하는 것을 가리킵니다. 상처를 캐묻고 성급하게 충고하며 스스로를 위축시키지 않는 것입니다.

임파선 암 환자인 현주 씨는 〈나와의 소통을 위한 몸 프로그램〉에서 자신의 별칭을 '웃겨(웃는 겨드랑이)'로 지었습니다. 현주 씨는 수십 년 동안 자신의 몸 부위에서 가장 부끄럽게 생각해 늘 감추고 다녔던 겨드랑이에게 "미안하다"고 말했습니다. '웃겨'라는 별칭을 통해 이제부터는 겨드랑이를 활짝 펴 주고 햇볕도 듬뿍 받게 해 웃음 짓는 겨드랑이로 만들어 주겠다고 다짐했습니다.

내가 나의 가장 친한 친구가 된다는 것은 현주 씨처럼 나 자신을 다정하고 친절하게 보살펴 준다는 뜻입니다. 몸도 마음도 구석구석 잘 살펴 소외되는 곳이 없게 만들어 줍시다. 친구처럼 때로는 미안하다고, 고맙다고, 수고했다고 스스럼없이 말해 줍시다.

미국의 심리학자이자 자기연민과 공감 전문가인 크리스틴 네프(Kristin Neff)는 "내가 나에게 공감할 수 있어야 타인과의 유대감 또한 단단하게 만들 수 있다"고 했습니다. 제일 친한 친구의 마음으로 스스로를 존중하고 배려하며 다정하고 친절한 마음으로 알아 갈 때, 진정으로 자기 자신을 이해하고 공감할 수 있습니다. 나 자신에게 이해받고 공감받은 나는 다른 친구들과의 관계에서도 이해와 공감을 주고받으며 바람직한 관계를 이어 갈 수 있겠지요.

습관

비교하는
버릇 버리기

올해로 53세인 성희 씨는 오늘도 망상이 심해진 팔십 대 노모에게 또 도둑으로 몰렸습니다. 반복적으로 당하는 일이지만 매번 속이 뒤집어집니다. 엄마는 왜 사랑하는 외동딸을 도둑으로 모는 걸까요? 머리로는 치매의 증상이라는 사실을 알지만, 가슴 가득한 울화를 참기 힘듭니다.

성희 씨의 엄마는 일찍부터 혼자 외동딸을 키우느라 많은 것을 포기했습니다. 너 때문이라 말하지는 않았지만 젊은 시절의 꿈을 다 앗아간 딸을 향한 원망이 도둑 망상으로 나타나는가 싶어 성희 씨 자신에게 더 화가 나는지도 모르겠습니다. 주변의 엄마들은 치매라도 조용히 지내는데 우리 엄마는 왜 다른 엄마처럼 예쁜 치매가 아닌지 한탄이 절로 나옵니다.

비교의 유전자

행복해지는 방법은 한마디로 요약할 수 없지만, 확실히 불행해지는 방법은 있습니다. 바로 스스로를 다른 사람과 비교하는 것이지요. 나도 모르게 남들과 비교하는 습관, 그놈의 비교가 문제입니다.

어버이날이나 생일에 자녀들로부터 꽃과 함께 봉투나 선물을 받고 으쓱해져 친구들에게 자랑한 적이 있나요? 그러다 서로 받은 것을 비교하고, 친구가 받은 선물이 내 것보다 좋다고 여겨져 순식간에 기쁨이 달아나 버린 적은요?

예를 들어, 아들이 오랜 취업 준비생 신분을 벗고 드디어 중소기업에 취직했다고 생각해 봅시다. 무척 기쁘고 감사할 뿐만 아니라 이제 회사원이 된 아들이 자랑스러울 것입니다. 그때 옆집 아들이 대기업에 취직했다는 소식을 듣는다면 어떨까요? 기쁨과 감사한 마음은 순식간에 어디론가 사라질 가능성이 높습니다.

다른 사람과의 비교는 대개 본능처럼 자연스럽게 이루어집니다. 선사 시대의 인간은 그리 강한 종이 아니어서 공동체를 이루고 함께 모여 사는 것이 생존에 유리했습니다. 공동체 안에서 함께 살려니 다른 사람에게 이질감을 주어서는 안 되겠고, 능력도 뒤처지지 않아야 하니 자연스레 나보다 낫다고 생각하는 사람과 나를 상향 비교(자신보다 우수한 사람과 비교하는 것)의 습성을 가지게 되었겠지요. 그때는 다른 사람에 비해 매우 우세한 것도 조심해야 했습니다. 이와 관련된 말이 '톨포피 신드롬(Tall-poppy Syndrome)'입니다.

톨포피, 즉 키 큰 양귀비꽃은 빼어나게 크기 때문에 잘라 버린다는 말입니다. 능력이 특출 난 사람은 공동체의 평등 질서를 깰 수 있으니 경계의 대상이 된다는 뜻입니다. 다른 사람에 비해 너무 뛰어나면 제거의 대상이 될 수도 있으므로 생존과 공동체 유지를 위해 다른 사람들과의 하향 비교(자신보다 미흡한 사람과 비교하는 것) 또한 필요했습니다.

비교 의식은 이렇게 자신의 부족함을 채우기 위한 동기로, 또는 조화로운 평등 관계를 위협하는 요인을 알아차리는 데 필요한 적응 기제로 우리 안에 남아 나도 모르게 튀어나옵니다. 그런데 인생의 초점이 온통 다른 사람과의 비교에 맞추어져 있다면 자기 삶을 살 수 없어 결코 행복해질 수 없습니다.

행복을 앗아가는 비교 의식

2022년 세계 행복 지수 통계에 의하면, 우리나라의 행복 지수는 OECD 38개국 중 36위입니다. 경제 규모에 비해 행복 지수가 낮은 이유가 무엇일까요?

행복을 측정하는 지표는 여러 가지가 있습니다. 소유물과 욕구의 상관관계도 그중 하나입니다. 이를테면 원하는 것보다 소유한 것이 적거나, 반대로 원하는 것이 소유물보다 많으면 행복감이 줄어듭니다.

대부분 우리나라 사람들은 경쟁 사회에서 자라며 어릴 때부터 비교에 길들어 있습니다. 자기 소유분이 살기에 충분해도 다른 사람, 특히 나와 가까운 사람과 비교하면서 더 많이 가지고 싶어 합니다. 그러니 남들과의 비교로 인한 욕구 상승은 상대적으로 행복감의 수준을 낮춥니다.

결국 우리나라의 행복 지수가 낮은 데에는 남들과의 비교 의식이 한몫하는 셈입니다. 월급이 20만 원 오를 때보다 가깝게 지내는 사람과 비교해 자신이 10만 원 더 받을 때 훨씬 행복해한다는 연구 결과도 있습니다.

행복한 삶의 필수 조건은 자기수용입니다. 자기수용이란 있는 그대로의 나를 받아들이는 것입니다. 남들과 비교하면 당연히 자기수용은 불가능합니다. 내 행복이 타인과의 비교에 의해 좌지우지되는 것도 자기수용이 되지 않기 때문입니다. 따지고 보면 인간은 원래 비교가 필요 없는 존재들입니다. 태어날 때부터 모든 면에서 서로 다르기 때문에 우열의 기준이 있을 수 없습니다. 각 개인을 있는 그대로, 또 다른 그대로 받아들이면 됩니다. 굳이 줄 세워서 비교하고 순서를 매기면서 행복감을 낮출 필요가 없습니다.

비교는 봉우리 오르기와 같습니다. 봉우리 하나를 오르면 또 다른 봉우리가 보입니다. 계속 더 높은 봉우리를 향해 전진하다 보면 마침내 산의 정상이 어딘지 방향 감각을 잃어버립니다. 끝없는 다른 사람과의 비교는 이 봉우리, 저 봉우리를 헐떡이다 결국 모든 에너지를 소진시키는 행동입니다. 비교는 만족과 휴식을 앗아갑니다.

남이 아닌 나 자신과 비교하기

비교의 대상을 타인이 아닌 나 자신으로 바꾸면 긍정적인 효과를 얻을 수 있습니다. 과거의 나와 지금의 나를 비교하면서 반성하거나 격려하다 보면 좀 더 발전하는 삶을 꾸려 갈 수 있습니다.

에스키모인들의 분노 조절법은 남이 아닌 나 자신과 비교하는 삶의 지혜를 가르쳐 줍니다. 에스키모인들은 화가 치밀 때 밖으로 나와 막대기를 가지고 무작정 걷습니다. 걷다 보면 화가

점차 사그라지다가 멈추는 지점에 이르는데, 그곳에 막대기를
꽂고 집으로 돌아갑니다. 처음 걸었을 때 꽂은 막대기가 자기
자신과의 비교 기준이 됩니다. 다음번 걷기에서 처음에 꽂은 막
대기가 보이기 전에 화가 멈추면 지난번보다 더 빨리 분노를 조
절했다는 것을 깨닫고 흡족해합니다. 반대라면 더 많은 수양이
필요하다고 생각하겠지요.

　성희 씨는 에스키모인의 막대기를 생각하며 오늘도 일단 집
에서 나와 걷습니다. 걸으면서 100을 세고 나뭇잎 하나를 줍습
니다. 이렇게 걷다 보면 화가 가라앉고, 집으로 발걸음을 돌리
고 싶어지는 때가 옵니다. 오늘은 저번보다 나뭇잎이 몇 개나
줄었을까요? 어쩌면 더 늘었을지도 모르지요. 집으로 돌아오는
길에 성희 씨는 나뭇잎을 한 장, 한 장 날려 보내며 그동안 엄마
가 자신에게 해 준 일들을 떠올립니다.

　생일 미역국은 거의 거르지 않고 끓여 주셨지. 배앓이할 때 밤
새 쓸어 주시던 따뜻한 손길은 지금도 느껴져. 미련하다고 머
리를 쥐어박기도 했지만 양갈래 머리를 땋아 주시기도 했어.
백화점이 생겼을 때는 거기서도 옷값을 깎아 달라고 해 창피했
지만 그런 덕에 밥을 굶지 않은 것은 확실히 인정해야겠지.

　성희 씨는 앞으로 우리 엄마는 왜 예쁜 치매가 아니냐고 다른 사람들과 비교하며 원망하지 않기로 했습니다. 비교가 부질없는 노릇임을 알기 때문입니다. 치매에 걸렸어도, 가끔 고약하게 굴어도 엄마는 성희 씨 엄마니까요. 아직 엄마와 함께할 수 있음을 감사하며 집으로 가는 성희 씨의 발걸음이 빨라집니다.

관점

깊게 보고, 넓게 보고,
크게 보기

모든 사물과 상황은 관점에 따라 모두 다르게 해석됩니다. 나무만 보면 전체 숲의 모습을 보지 못하고, 반대로 숲만 보면 나무를 하나하나 살펴볼 수 없습니다. 하늘을 나는 새의 눈으로 바라볼 때는 전체의 풍경을 볼 수 있지만, 땅을 기는 벌레의 눈으로 보면 새의 눈으로는 볼 수 없는 작은 것들도 세세하게 볼 수 있습니다.

마음도 그것을 대하는 관점에 따라 다르게 해석됩니다. 그동안 앞면만 봤다면 뒷면을, 겉면만 봤다면 속면을 뒤집어 보는 관점의 이동으로 인생 전반기와는 다른 삶의 면모를 새롭게 볼 수 있으면 좋겠습니다.

열등감 다르게 보기

세상에 완벽한 사람은 없습니다. 사람은 누구나 자신에게 부족한 점이 있다고 생각해서 열등감을 느끼는데, 여기서 문제는 열등감을 부정적으로만 보는 것입니다. 열등감은 한 개인이 자신에게 느끼는 주관적인 감정입니다. 다른 사람과 비교하거나 부정적인 평가를 받을 때, 또는 자신이 세워 놓은 목표치에 도달하지 못할 때 '나는 부족해'라고 느끼는 감정입니다.

한 개인이 실제로 지닌 열등성과 열등감은 차이가 날 수 있습니다. 한 부분의 열등성을 자기 존재 전체의 열등감으로 가져오면 상당히 위축되고 자존감이 낮아집니다. 열등감을 없애 버려야 하는 수치스러운 것으로만 여기면, 이를 감추기 위해 되레 우월감으로 가장하는 자기기만의 모습을 보이기도 합니다.

부족한 부분을 열등하다고 인지하는 것 자체는 절대 단점이 아닙니다. 오히려 다행스러운 일입니다. 어떤 부분이 열등한지 알고 있으면, 보완하거나 다른 방법을 찾을 수도 있으니까요.

정신과 의사이자 심리학자인 알프레드 아들러(Alfred Adler)는 열등감을 새롭게 해석했습니다. 그는 열등감을 단점으로 보지 않고 오히려 우월성을 얻는 원동력으로 생각했습니다. 열등감이 있으면 그 보상으로 우월해지고 싶은 욕구가 생기기 때문에 우월해지려 노력한다는 것입니다. 그의 생각은 자신의 경험으로부터 나온 것이기에 더욱 설득력이 있습니다.

구루병과 폐렴을 앓았던 병약한 아이 아들러는 총명한 형과 달리 공부를 썩 잘하지 못했습니다. 신체적으로나 지적으로 자신은 열등하다고 생각했지요. 그러나 아들러는 자신의 문제가 열등감 자체가 아니라, 열등감을 대하는 태도와 관점이라는 것을 깨달았습니다. 그러고는 용기를 내서 열등감을 직면하고 건전한 우월성을 추구하는 삶을 살았습니다. 아들러는 이런 경험을 바탕으로, 누구에게나 삶의 문제를 해결할 능력이 있음을 깨우쳐 어려움과 직면할 용기를 북돋는 것이 병리적 열등감 치료의 유일한 방법이라고 이야기하게 되었습니다.

《밀턴 에릭슨의 심리치유 수업》의 저자 밀턴 에릭슨(Milton Erickson)은 신체적 열등함으로 농부가 되지 못하고 정신과 의사가 된 사람입니다. 선천적으로 색맹이었고, 난청이었으며, 난독증까지 있었던 그는 17세에 소아마비에 걸려 의사에게서 곧 죽게 되리라는 말을 들었습니다.

눈동자 말고는 아무것도 움직일 수 없었던 에릭슨은 누운 채 주변 사람들의 행동을 관찰했습니다. 이것이 나중에 비언어적 표현과 신체 언어를 통해 심리를 분석하는 에릭슨만의 길을 열어 주었습니다. 이 이야기들은 관점에 따라 열등감이 장점을 발견하는 통로가 될 수 있다는 사실을 알려 줍니다.

스트레스 다르게 보기

열등감처럼 스트레스도 관점을 달리 하면 기존의 생각과 아주 다른 결과를 가져다줍니다. 긍정적으로 반응하면 스트레스도 긍정적인 에너지로 작용할 수 있습니다. 실제로 질병의 저항력을 높여 주고, 건강에 이로운 에너지가 되는 스트레스도 있습니다. 이렇게 긍정적인 스트레스를 유스트레스(eustress)라고 합니다. 반면에 건강을 해치는 부정적인 스트레스는 디스트레스(distress)라고 합니다.

스트레스라는 말을 들으면 대개 디스트레스를 떠올립니다. 스탠퍼드대학의 심리학자 켈리 맥고니걸(Kelly Mcgonigal)도 예외는 아니었습니다. 그래서 주변 사람들에게 건강을 해치는 스트레스의 해로움을 알렸습니다. 그러던 어느 날 자신이 알고 있던 스트레스와는 정반대의 연구 결과들을 접한 후, 스트레스를 보는 관점을 완전히 뒤집었습니다. 스트레스를 피하고 싶은 대상에서 활용하고 싶은 대상으로 달리 보게 된 것입니다.

켈리 맥고니걸은 《스트레스의 힘》이라는 책에서 스트레스에 대한 기존 상식을 뒤엎는 놀라운 연구 결과들을 소개합니다. 예를 들어, '국가의 스트레스 지수가 높을수록 국가의 행복 지수가 높다'는 것입니다. 스트레스 지수가 높으면 당연히 행복 지수가 낮을 것이라는 예상과 정반대의 결과입니다. 또한 외상 후

스트레스 장애 환자에게 스트레스 호르몬인 코르티솔을 투여했더니 스트레스 증상이 호전되었다고도 전합니다. 5년 전 테러 공격에서 살아남은 50세 생존자에게 3개월 동안 코르티솔 10밀리그램을 투여한 결과, 외상 후 스트레스 장애 증상이 경감되었다는 것입니다. 치료 시간 직전에 스트레스 호르몬을 투여하니 불안증과 공포증 치료의 효과를 향상시킨다고도 하고요.

요컨대 스트레스를 긍정적인 관점에서 보고 활용하면 부정성을 뒤집을 수 있다는 것이 과학적으로 증명된 셈입니다. 스트레스가 주는 긴장과 압박을 부정적으로만 봤다면 도저히 믿을 수 없는 결과입니다.

열등감이나 스트레스처럼 살면서 경험하는 마음의 현상들을 이제까지와 다른 관점으로 보면 새롭게 발견되는 이점이 많습니다. 마음의 현상은 단순하지 않고, 어느 한 면만 봐서는 이해하기 힘들 때가 많으니 다중의 관점으로 봐야 합니다. 그렇다고 무조건 좋게만 미화하는 것도 도움이 되지 않습니다. 모든 것이 다 마음먹기에 달렸다는 식의 의지 지상주의는 효력이 없을 때가 더 많으니까요.

일이 뜻대로 풀리지 않을 때, 이제까지와 다른 관점으로 새롭게 보려고 노력한다면 예상하지 못한 뜻밖의 가치를 발견할 수 있을 것입니다.

현재

지금 여기에서
마음을 다하기

영화 〈죽은 시인의 사회〉에서 키팅 선생은 학생들에게 '카르페 디엠(carpe diem)', 곧 "현재를 살라"고 역설합니다. 현재, 지금 이 순간을 느끼며 사는 것이 '소확행(소소하지만 확실한 행복)'의 토대이기 때문입니다.

지금 이 순간을 살기란 생각보다 어렵습니다. 나도 모르는 사이에 과거와 미래에 대한 생각이 지금 이 순간을 가득 채우기 때문입니다. 하지만 지금 이 순간에 깨어 있다면, 혹독한 폭염 중에도 잠깐 스치는 바람결의 상쾌함을 맛볼 수 있습니다. 그것만이 아니지요. 지금 이 순간에 머무르면 지친 귀갓길에 두 눈이 번쩍 뜨이는 석양의 황홀감에 젖을 수 있습니다. 생각이 온통 과거나 미래에 꽂혀 있으면 현재(present)가 주는 소중한 선물

(present)을 놓치고 맙니다.

과거의 좋은 추억을 기억하고 밝은 미래를 꿈꾸는 것은 삶을 풍요롭게 하고 적극적으로 도전하도록 합니다. 그러나 지금 이 순간을 점령한 과거와 미래에 대한 생각들이 되돌릴 수 없는 사건에 대한 회한이나 아직 일어나지도 않은 미래에 대한 불안이 대부분이라면 프리디리히 니체(Friedrich Nietzsche)의 우려대로 "어제의 비 때문에 오늘 젖어 있고, 내일의 비 때문에 오늘부터 우산을 펴고 있는" 꼴이 됩니다.

무익한 생각의 되새김질, '반추 사고'

몇몇 연구에 의하면 사람들은 하루에 6천 개에서 많게는 7만 개의 생각을 떠올립니다. 그 중 80퍼센트 정도는 부정적인 생각이고, 대부분 어제의 생각이 그대로 반복된다고 합니다. 그러니 무심결에 생각에 빠져 있을 때, 반복되는 부정적인 생각인지 아닌지 순간순간 알아차리고 생각을 멈추거나 전환시킬 필요가 있습니다.

부정적인 생각을 반복적으로 떠올리는 것을 '반추 사고'라고 합니다. 소처럼 생각을 되새김질하는 것입니다. 누구나 소용없는 줄 알면서도 지난 일을 곱씹어 본 경험이 있을 테지만, 반추 사고의 문제는 반복에 있습니다.

　동물의 되새김질은 소화를 잘 시켜 몸에 이로운 결과를 가져오지만 부정적인 생각의 반복적인 되새김질은 우리를 과거의 틀에 가둡니다. 생각은 현재의 시간을 타고 흘러야 하는데 반추사고는 우리를 과거의 고인 물에 담근 채 자기 질책거리 찾기에 골몰하도록 합니다. '내가 왜 그랬지? 그때 그러면 안 되었는데…'만 되풀이하지요. 반추의 쳇바퀴는 우리에게서 변화의 기회를 빼앗을 뿐만 아니라 우울과 자책의 늪에서 허우적거리게 합니다.

　반추하는 심리는 어떤 실수나 실패도 용납하지 않으려는 비현실적 완벽주의에서 옵니다. 실수나 실패를 평생의 동반자로 받아들인다면 '이 나이에도 실수할 수 있지'라며 다음 기회를 대비할 수 있습니다. 프로는 자기 영역에서 해 볼 만한 모든 실패를 해 본 사람이라고도 하니, 실패했다면 아직 다 정복하지 못한 여정이 남아 있음을 깨닫고 정진할 수 있어야 합니다.

　반추하는 심리는 자신이 모든 일에 능숙하다는 자만에서도 옵니다. 반추할 때는 '내가 왜 이것밖에 못 할까'라며 자책합니다. 얼핏 보면 겸손한 것 같지만, 사실 무엇이든 잘할 수 있다는 생각, 그리고 자신의 한계를 인정하지 않는 어린 발상에서 나옵니다. 그렇기 때문에 반성하며 책임 있게 행동하는 것으로 이어지지 않습니다. 자책의 돌덩이를 시지프스처럼 끝없이 반복하여 굴릴 뿐입니다. 자기학대를 반복하면서도 정작 변화를 위한 새로운 시도는 하지 않습니다.

와신상담보다 질경이에게 박수를

'와신상담(臥薪嘗膽)'은 분노를 반추하며 복수에 성공했다는 고사성어입니다. 이야기는 춘추 시대 적대국인 오나라와 월나라 때로 거슬러 올라갑니다. 오나라 왕 부차는 월나라 왕 구천에게 당한 아버지의 원한을 갚으려고 3년을 장작더미에서 거친 잠을 자며 마침내 구천에게 복수했습니다. 이에 구천은 쓰디쓴 곰의 쓸개를 핥으며 20년의 세월을 벼르고 별러 부차를 굴복시켰습니다.

부차와 구천 둘 모두 자신이 맹세한 바를 이루어 낸 대단한 인물입니다. 이들의 반추는 성공적인 복수로 이어졌지만, 둘 다 지금 이 순간이 주는 행복과는 담을 쌓으며 살았습니다. 늘 복수심을 불태우면서 마음은 지옥인 채로 살았을 것입니다. 와신상담은 고통을 감내하고 마침내 달달한 결과를 가져온다는 '고진감래(苦盡甘來)'의 교훈을 주는 이야기입니다만, 복수의 성공이 긴 세월 동안 느낄 수 있었던 긍정 감정들을 다 보상할 만큼

달콤했을지는 의문입니다.

　질경이는 항상 누군가에게 짓밟히며 모멸의 일상을 살아갑니다. 하지만 자기 처지를 한탄하지 않고, 짓밟는 자를 향한 분노를 곱씹지도 않습니다. 대신 짓밟는 자들의 발뒤꿈치에 자신의 씨앗을 묻힙니다. 당장 할 수 있는 최선을 다하는 것이지요. 짓밟는 자를 역이용해 일생의 과업인 종자를 퍼뜨리는 데 성공하니 모멸감은 자긍심이 되었습니다. 분노는 감사가 되었습니다. 이런 자긍심과 감사 덕에 질경이는 밟힐수록 강해지는 역설의 식물로 거듭났습니다.

멈추면 느껴지는 행복감

　사람은 불완전한 존재입니다. 알고 보면 누구나 못하는 것이 있고, 실패와 실수투성이입니다. 그러나 찾아보면 잘하는 것도 많습니다. 잘잘못을 아우르지 못하고 잘못한 것에만 골몰하다 보니 반추 사고에 빠지고 마음도 허약해지는 것입니다. 이미 만들어진 나에게 붙잡혀 있지 말고, 현재 만들어지고 있는 나에게 집중할 때 생동감 넘치고 건강한 삶을 살 수 있습니다.

　6세기 불교의 한 종파인 천태종에서는 '지관(止觀)'이라는 수행

법을 시작했습니다. 지관은 멈춰서 보는 것, 즉 지금 여기에서 존재를 있는 그대로 보는 것입니다. 핵심은 현재에 집중하는 것입니다. 오늘날 미국에서는 정신 치료사들의 80퍼센트 이상이 마음 챙김(mindfulness)을 치료에 활용한다고 합니다. 마음 챙김 역시 현재에 집중하는 것을 기본으로 합니다.

앞으로도 살다 보면 지난 과오를 되새김질하는 때가 있겠지요. 이럴 때 반추 사고에 빠지지 않고 현재의 나로 곧바로 돌아오려면, 지금 이 순간에 단단히 닻을 내리고 있어야 합니다. 지금 이 순간이 주는 작은 행복을 놓치지 않고 지금 이곳에서 할 수 있는 일을 하는 것, 그것이 그런대로 괜찮게 살아가는 최고의 방법입니다.

용기

기꺼이
두려움과 마주하기

　죽음, 질병, 천재지변, 가정불화 등의 문제는 나이와 상관없이 사람을 두렵게 합니다. 두려움은 많은 감정의 발원지이자 근원이 되는 감정입니다. 두려움에는 조심하고 대비해서 안전하게 살게 하는 순기능도 있습니다. 그러나 분노나 공격성 등 왜곡된 양상으로 표출되기도 하고, 공포증(phobia)까지 일으키기도 하므로 잘 다루는 것이 중요합니다.

두려움에 직면하는 용기

　대부분 사람은 두려운 상황을 회피하고 싶어 합니다. 마주할 용기가 나지 않기 때문이지요. 두려워만 해서는 아무것도 해결할 수 없고, 절로 두려움이 줄어들지도 않는다는 건 다들 잘 알고 있습니다. 두려움을 이기는 핵심은 회피가 아니라 직면하는 용기라는 것도요. 하지만 머리로 알고 있다고 해도 반드시 마음이 따라 주는 건 아닙니다.

머리로는 알아도 마음이 움직이지 않을 때, 몸으로 접근하는 방법이 있습니다. 우리 선조들은 마음먹기가 잘되지 않을 때, 먼저 몸으로 익혔습니다. 경복궁 근정전 앞마당에 울퉁불퉁한 돌들이 깔려 있는 이유에는 발걸음을 조심조심 내딛어 진중하게 움직이게 하겠다는 의도가 숨어 있습니다.

사당이나 서원의 출입문이 작고 낮은 것 또한 마찬가지입니다. 들어가기 전에 머리를 숙임으로써 겸손한 몸가짐을 지니게 하려는 것입니다. 머리로 숙지하고 행동에 옮기기보다, 몸으로 익힌 후 필요한 마음가짐이 절로 들도록 하려는 것이지요.

두려움과 직면하려면 어떤 몸가짐이 필요할까요? 회피하는 몸짓의 대표는 시선 피하기입니다. 두려움과 직면하기 위해서는 우선 그 대상을 직시해야 합니다. 많은 사람이 두려운 대상 앞에 서면 슬그머니 눈꼬리를 내리거나 아에 눈을 감고 맙니다. 그러나 아무것도 보이지 않는 상황은 우리를 더욱더 두렵게 만듭니다. 상황이 좀 보이면 두려움이 덜해집니다. 보이고 들리면 통제할 여지가 생기기 때문이지요.

경기에 출전한 운동선수들에게는 매 순간이 두려움일 것입니다. 높이뛰기 선수라면 넘어야 할 장대가, 양궁 선수에게는 맞추어야 할 과녁이 도전 대상인 동시에 두려움의 대상이겠지요. 성공할지 실패할지 아무도 장담할 수 없는 불확실성 앞에서 엄청난 긴장과 두려움이 몰려들 테니까요.

높이뛰기 선수들은 두려움을 회피하지 않고, 넘어야 할 장대만 직시하고 달립니다. 양궁 선수들은 맞춰야 할 정중앙을 꿰뚫듯 바라보며 활시위를 당깁니다. 이처럼 두려움의 대상을 흔들림 없이 직시하는 몸의 자세는 바로 두려움을 직면하는 태도로 이어집니다.

아무리 마음을 단단히 먹어도 마주할 대상이나 상황을 향한 두려움이 크면 단번에 직시하기 어렵습니다. 그래서 조금씩 가까워지는 접근 방법으로 직시하는 연습이 필요하지요.

이때 액자 기법을 사용해 볼 만합니다. 두려운 대상의 이미지를 액자에 넣고 거리를 줄이며 쳐다보는 것입니다. 두려운 대상을 액자라는 상징적인 틀에 가두어 옴짝달싹 못 하게 무력화시키고 나면 똑바로 쳐다보기가 훨씬 쉬워집니다.

심리극에서 쓰는 '하이 체어(high chair)' 기법도 있습니다. 높은 의자나 계단에 올라가 바닥에 있는 두려운 대상(배역이나 대상의 상징물)을 내려다보는 것입니다. 달라진 위치 때문에 대상과 나

의 위계가 바뀌고, 높이의 차이만큼 대상이 왜소해 보여 직시할
힘이 생깁니다.

거절에 대한 두려움

과거에 거절당한 경험은 비슷한 상황을 떠올리기만 해도 두
려움을 불러일으킵니다. 왕따 경험은 물론이고 사람에 따라서
는 시험 낙방도 거절에 대한 두려움으로 남아 있어 재도전을 어
렵게 만듭니다. 더욱이 어린 시절 애착 대상에게 거절당한 경험
은 생존을 위협하는 두려움으로 각인되고, 현재에도 다른 사람
과의 관계 형성에 큰 영향을 미칩니다.

누가 자신을 좋아한다고 하면 그 즉시 상대방이 싫어진다고
말하는 사람들이 간혹 있습니다. 설희 씨도 그렇습니다. 상대
방이 친밀하게 다가오면 바로 차 버리는 바람에, 여러 사람을
사귀었지만 오랜 기간 연애해 본 적이 없습니다.

엄마 없이 자란 설희 씨는 처음 새엄마가 생겼던 6세 무렵 무
척 기뻤습니다. 설희 씨에게 새엄마는 엄마라는 이름의 생애 첫
애착 대상이었습니다. 가까이 다가가고, 어리광도 피웠습니다.
그러나 그것은 아주 잠깐이었습니다. 어느 순간 돌변한 새엄마

는 설희 씨를 냉혹하게 내쳤습니다.

이후 설희 씨는 누군가에게 친밀감이나 애정을 느끼면 곧바로 극심한 두려움을 느꼈습니다. 그와 함께 거절 때문에 위협적인 상황으로 내몰리는 재경험을 합니다. 설희 씨에게 친밀감의 다음 수순은 거절입니다. 그래서 친밀감을 느끼거나 상대가 친밀하게 다가오면 거절당하기 전에 선수 치는 행위를 반복하는 것이지요.

설희 씨도 머리로는 과거와 상황이 다르다는 것을 잘 알고 있습니다. 지금은 자신이 새엄마에게 목매는 어린아이도 아니고, 남자 친구도 새엄마와는 다르다는 것을요. 머리로 알고 있으면서도 결국에는 스스로 관계의 끈을 잘라 버립니다. 설희 씨는 두려움을 딛고 친밀감이 결코 위협적인 것이 아니라는 사실을 조금 더 체감하고 체화할 필요가 있습니다.

죽음에 대한 두려움

죽음에서 벗어날 수 있는 사람은 아무도 없습니다. 죽음의 두려움에서 자유로운 사람도 거의 없다고 할 수 있지요. 아이들은 죽음에 대한 두려움을 놀이로 풀어냅니다. 아이들에게 귀신은 원한을 품고 죽은 두려운 대상이며 죽음의 상징입니다. 아이들은 스스로 귀신이 되거나 귀신에게 쫓기는 놀이를 하면서 죽음을 향한 두려움과 직면합니다.

나이가 들면서 주변에서 죽음을 경험하는 횟수가 늘어나고 스스로도 죽을 날이 가까워지면 죽음의 두려움이 덜어지리라고 생각할 수도 있지만 사람에 따라서는 그 반대일 수도 있습니다. "죽음은 우리를 파괴하지만, 죽음에 대한 생각은 우리를 구원한다"는 미국의 정신과 의사 어빈 얄롬(Irvin Yalom)의 말은 죽음을 회피하지 않고 생각하는 것만으로도 죽음의 두려움을 덜수 있다는 뜻으로도 해석할 수 있습니다.

능수버들에게 배우다

우리는 지금까지 두려움과 함께 살아왔습니다. 앞으로도 예고 없이 두려움과 마주해야 할 것입니다. 두려움에 직면할 용기가 필요할 때는 강가의 능수버들을 떠올려 보면 어떨까요? 강가의 능수버들은 다른 나무들과 다른 점이 하나 있습니다. 다른 나무들은 가지를 위로 뻗어 하늘로 향하는데, 능수버들은 가지를 늘어뜨려 물로 향한다는 것입니다.

물살이 잔잔하면 늘어진 버들잎은 물에 비친 자기 모습을 바라보고 성찰합니다. 폭우로 나무줄기가 물에 잠기면 거세게 휘

몰아치는 물살을 직시합니다. 순식간에 자신을 휩쓸고 갈지도 모를 두려운 물살을 직시하며 위기의 순간들을 버텨 냅니다. 오래 보아야, 자세히 보아야 두렵지 않다는 것을 알기에 두려움을 직면합니다.

　물이 빠진 후에도 능수버들은 의연하게 강가에 제자리를 지키고 있습니다. 두려움을 직시함으로써 환경에 대한 적응력을 키운 능수버들은 물가에서만이 아니라 천안 삼거리에 옮겨 심어도 '제멋에 겨워서 흥흥'댑니다.

일탈

오십에는
외도를 권함

미국의 신경과학자인 데이비드 이글먼(David Eagleman)은 뇌의 무한한 가능성을 '생후 배선(livewired)'이라는 용어로 설명합니다. 타고날 때부터 뇌 안에 지도가 있는 것이 아니라, 능동적으로 회로를 연결하며 자기만의 길을 평생 만들어 간다는 뜻입니다. 여기서 중요한 것은 주변 환경과 경험이 새롭게 주어지는 한 뇌는 평생에 걸쳐 스스로를 계속 바꾸어 나간다는 점입니다.

뇌가 최적화되는 시기를 육십 대로 보는 입장도 있으니, 나날이 쇠퇴하는 영특함과 민첩성을 단지 나이 탓으로만 돌릴 수는 없습니다. 뇌가 녹슬지 않고 잘 가동되려면 새로운 정보의 입력, 곧 새로운 경험과 환경에 지속적으로 노출되는 삶을 살아야 합니다. 이제껏 정답이라고 생각해 온 정도(正道)가 아닌 외도(外

道)로 눈길을 돌릴 필요가 있습니다.

사전에 나오는 외도의 뜻풀이 중 하나는 '본업을 떠나 다른 일에 손대는 것'입니다. 업을 바꾸는 것을 포함해 이미 익숙해진 정도가 아니라 다른 길, 다른 것을 시도해 보는 것은 다 외도입니다.

정도에서 외도로

인생 전반기에 줄곧 사회가 요구하는 정도를 걸어왔다면 이제는 샛길로 빠져 외도를 할 때입니다. 외도의 전제 조건은 이탈과 일탈입니다. 이탈은 눈에 보이거나 물리적인 범주에서 벗어나는 것이고, 일탈은 사회적 규범 등 추상적인 것에서 벗어나는 것입니다. 이탈과 일탈은 상호 연관된 개념으로, 이탈하면 일탈할 수 있고, 일탈하면 이탈할 수 있습니다.

예컨대 남들이 정해 놓은 줄에서 이탈하면 한 우물만 파야 한다는 사고방식에서 일탈할 수 있습니다. 더불어 한 우물만 파야 한다는 사고방식에서 일탈하면 대열에서 이탈해 정해진 길이 아닌 새로운 길, 외도로 접어들 수 있습니다.

이제까지와는 다른 길, 남들이 다 가는 길이 아니라 나만의 외도를 걷는 일은 어떤 결과를 가져다줄까요?

자청비의 외도

제주도의 무속 신화인 〈세경본풀이〉의 주인공인 자청비(自請妃)는 외도를 걸은 대표적인 인물입니다. 자청비는 이름 그대로 스스로 나서서 자신의 삶을 개척했습니다. 부모의 과오로 아들이 아닌 딸로 태어났지만, 스스로 청해 태어났다며 자청비라는 이름을 지은 것입니다.

어느 날 빨래를 하던 자청비는 하늘에서 내려온 옥황상제의 아들인 문 도령과 마주칩니다. 문 도령에게 한눈에 반한 자청비는 3년 동안 남장을 한 채 문 도령과 동문수학합니다. 자청비의 공부를 반대하던 부모님은 "제삿날 지방이라도 쓰려면 글공부를 해야 한다"고 설득했지요.

자청비의 외도는 이렇게 시작되었습니다. 부모가 정해 준 배필과 결혼하는 관습 대로의 정도가 아닌 외도를 자청한 자청비는 이후에도 계속 외도를 선택하며 여러 고난의 관문을 통과하여 결국 문 도령과 결혼합니다. 지상의 딸이 정도를 통해서는 도저히 이를 수 없는 옥황상제의 며느리가 된 것입니다. 이후 자청비는 옥황상제에게 오곡을 하사 받아 이 땅에 전해 준 농경의 여신이 되었습니다.

예리세이의 외도

육십이 넘어서 외도한 인물도 있습니다. 톨스토이의 단편 소설 〈두 노인〉의 주인공인 예리세이입니다. 예리세이는 마을 친구인 예핌과 맹세한 대로 예루살렘으로 성지 순례를 떠났습니다. 평소 자기 관리가 철저하고 정도만 걷는 부유한 예핌은 순리대로 성지 순례를 마치고 귀가합니다. 그러나 전직 목수 출신에 벌을 치며 그럭저럭 사는 예리세이는 예루살렘에 도착하지 못하고 먼저 집으로 돌아옵니다. 예루살렘을 향한 정도를 이탈해 외도했기 때문입니다.

예루살렘으로 향하는 여행 중 예리세이는 걸음이 빠른 예핌을 앞서 보내고 물을 얻어 마시러 어느 농가에 들렀습니다. 물을 마시고 예핌을 뒤따라갈 계획이었지요. 그러나 그 농가에는 흉년과 전염병으로 다 죽어가는 사람들이 있었습니다. 예리세이는 이들을 그냥 두고 갈 수 없었습니다. 사흘 동안 머물며 물을 떠다 주고, 수프를 끓여 먹이고, 젖소와 짐수레까지 사 주었습니다. 그러느라 여비를 다 써 버려서 성지 근처에 가지도 못하고 집으로 돌아올 수밖에 없었지요.

예리세이는 가족들에게 예핌과 길이 어긋난 데다 돈도 다 써 버려서 일찍 돌아올 수밖에 없었다고 말했습니다. 한편 예핌은 예루살렘에서 성지 순례를 마치고 돌아오는 길에 예리세이가 들렀던 농가에서 접대를 받습니다. 농가 사람들에게 자신들을 도와준 어느 순례자의 이야기를 듣고, 그 순례자가 예리세이임을 깨닫습니다.

마을에 돌아와 예리세이를 만난 예핌은 자신은 몸만 성지에 갔다 왔을 뿐이고, 예리세이가 영혼으로 성지에 갔다 왔다는 사실을 깨닫습니다. 예핌은 정도를 걸어서 성지 순례라는 목표를 달성했지만, 정작 신에게 가까이 가는 성지 순례의 목적에 다다른 인물은 외도를 택한 예리세이입니다. 이렇듯 외도는 때로는 '목적이 이끄는 삶'으로 우리를 인도하기도 합니다.

외도에서 얻는 새로운 발견의 기쁨, 세렌디피티

세렌디피티(serendipity)는 '뜻밖의 새로운 발견'을 뜻하는 단어입니다. 이 말의 유래는 우리가 스리랑카라고 부르는 세렌디프(Serendip)의 이야기에서 전래했습니다.

세렌디프(스리랑카)의 지아페르 왕은 세 왕자가 많은 경험을 하면서 지혜로워지기를 원했습니다. 그래서 아들들을 나라 밖으로 추방했습니다. 왕실 교육이라는 정도가 아닌 외지를 떠돌며 배우는 외도 여행의 기회를 준 셈이지요. 세 왕자는 여러 나라를 모험하며 뜻하지 않은 발견의 기쁨을 맛보고, 날로 지혜로

위겼습니다. 그 결과 왕위 계승도 순조롭게 되었고 세 왕자 모두 행복하게 살았습니다. 이 이야기가 서방에 전해지면서 뜻밖의 새로운 발견이라는 뜻의 '세렌디피티(serendipity)'라는 신조어가 생겼습니다.

　뜻밖의 발견은 예정된, 필연적인 결과가 주는 기쁨과는 비교할 수 없는 큰 기쁨을 줍니다. 이런 큰 기쁨은 정도에서보다 외도할 때 얻을 가능성이 훨씬 크지요. 늘 하던 대로 정도를 가는 생활은 익숙함이 주는 편안함이 있는 반면에 우리를 한곳에 주저앉히기도 합니다. 그러면 뇌는 새로운 배선 작업을 멈출 테고, 노화가 촉진되겠지요.

　오십 즈음은 인생 전반기에서 후반기로 가는 전환기입니다. 전환기에 있다는 것은 선택의 기로에서 갈등할 수 있다는 뜻입니다. 이제까지 걷던 정도에 정지할지, 아직 발견하지 못한 나의 다른 부분을 만나는 외도로 향할지 결정할 때입니다. 외도를 선택했다면 당장 할 수 있는 것부터 시작해야겠지요.

　먼저 그간 다니던 지름길을 이탈해 다른 골목길로 에둘러 가봅시다. 이제와는 다른 것들이 눈에 들어오고, 스쳐 지나가는 사람들도 달라질 것입니다. 매일 타던 버스나 지하철 노선도 바꾸어 봅시다. 이리저리 환승하다 보면 전환한다는 의미를 몸으로 실감할 수 있을 테니까요. 단골 식당이나 카페를 바꾸어 보는 건 어떨까요? 평소와 다른 공기와 냄새에 새로운 자극을 받고 스스로도 다른 분위기를 느낄 수 있을 것입니다. 오른손잡이라면 왼손으로 글쓰기, 눈 감고 밥 먹기, 늘 쓰는 볼펜 대신 붓펜 사용하기 등 아주 사소한 것부터 시작해 봅시다.

　매일매일 반복되는 외도 여행은 새로운 시도를 향한 두려움 곧, 네오포비아(neophobia) 성향에서 일탈하게 만들어 줍니다. 나아가 새로움을 추구하는 네오필리아(neophilia)로 스스로를 조금씩 변화시켜 줍니다. 그러면 뇌에서 나만의 고유한 지도가 멈추지 않고 계속 그려지겠지요.

이 정도면 괜찮은 삶에 대하여
POINT

절친하다

- 인맥 다이어트도 너무 심하면 관계망 실조가 되어 정신 건강을 해친다. 인생 친구들과의 건강한 관계를 잘 지속하자.

- 내가 나의 친구가 된다는 것은 왜곡되지 않은 관점으로 스스로를 보겠다는 뜻이다.

- 나 자신에게 이해받고 공감받은 나는 다른 친구들과의 관계에서도 이해와 공감을 주고받을 수 있다.

습관

- 행복해지는 방법은 한마디로 요약할 수는 없지만, 불행해지는 확실한 방법은 다른 사람들과 비교하는 것이다.

- 행복한 삶의 필수 조건은 자기수용이다. 자기수용이란 있는 그대로의 나를 받아들이는 것이다.
- 비교 대상을 나 자신으로 바꾸면 반성하거나 격려하며 발전하는 삶을 꾸릴 수 있다.

관점

- 모든 사물과 상황은 어떤 관점인가에 따라 다르게 해석된다. 나무만 보면 숲을 보지 못하고, 반대로 숲만 보면 나무를 하나하나 살펴볼 수 없다.
- 질병의 저항력을 높여 주고 건강에도 이로운 에너지가 되는 스트레스가 있는데, 이를 유스트레스(eustress)라고 한다.
- 마음의 현상 역시 다중의 관점으로 보아야 한다. 무조건 미화시키는 것도, 나쁘게 몰아가는 것도 도움이 되지 않는다.

현재

- 하루에 하는 생각 중 80퍼센트 정도는 부정적인 생각이고, 대부분 어제의 생각이 그대로 반복되는 것들이다.
- 지금 이 순간이 주는 작은 행복감을 놓치지 않고, 할 수 있는 일을 하는 것이 가장 괜찮게 살아가는 방법이다.

용기

- 두려움에는 조심하고 대비해서 안전하게 살게 하는 순기능도 있지만, 공격성 등 왜곡된 양상으로 표출되기도 한다.
- 아무리 마음을 단단히 먹어도 마주할 대상이나 상황에 대한 두려움이 크면 단번에 직시하기는 어려우므로 점진적인 접근을 통해 직시하는 연습이 필요하다.
- 죽음을 회피하지 않고 생각하는 것만으로도 죽음에 대한 두려움을 덜 수 있다.

일탈

- '외도'의 사전 뜻은 '본업을 떠나 다른 일에 손대는 것'이다. 이미 익숙해진 '정도'가 아니라 다른 길, 다른 것을 시도해 보는 것은 다 '외도'이다.
- 오십 즈음은 인생 전반기에서 후반기로 가는 전환기이며 선택의 기로에서 갈등하는 때다.
- 이제까지 걷던 정도에 정지할지, 아직 발견하지 못한 나의 다른 부분을 만나는 외도로 향할지 결정할 때이다.

마치며

오십의 인생은
이제부터
시작입니다

원고를 출판사에 보내고 다시 읽어 보면서 지금껏 쌓아둔 응어리를 풀어내는 애도 의례를 거치는 듯했습니다.

아이들을 믿고 기다려 주기보다 지적질이 앞섰다는 자책감, 사람들에게 솔직하게 나를 드러내기보다 방어하기에 급급해 저지른 실수들, 서로가 다른 것을 틀린 것으로 단정하면서 상대방을 탓하던 어리석음을 흘려보냅니다.

먼저 오십을 겪고 떠나보낸 지금, 갈팡질팡하며 헤매던 지난날에도 나름의 이유가 있음을 알게 되었습니다. 삶의 반환점에서 남은 인생을 생각하면 불안하고 초조할 수 있습니다. 그러나 나를 알아가는 기쁨과 더 좋은 내일을 만들 수 있다는 희망, 내 주변의 소중한 사람들을 향한 감사를 곁들인다면 이인삼각 경기를 하는 것처럼 함께 발맞추어 힘차게 걸어나갈 수 있을 것입니다.

그동안 상담하면서 우리 두 사람이 자주 대면한 문제들과 각자의 부족함을 나누며 고민하는 가운데 얻은 통찰들을 이 책에 고스란히 모았습니다.

20여 년 전, 아이들이 어릴 때 한 울타리 안에서 산 것을 계기로 이 책이 나오기까지의 여정을 인도해 주신 하나님께 먼저 감사드립니다. 가족들의 격려와 응원에 크게 힘입었습니다.

무엇보다 우리 두 사람을 신뢰하면서 다양한 피드백으로 낱낱의 글들이 한 권의 책으로 나오게 해 주신 유노책주 김세민 팀장님, 정말 고맙습니다.

인생의 후반기를 찬란하게 열어 줄 31가지 낱말들

오십의 마음 사전

ⓒ 강현숙·차봉숙 2023

인쇄일 2023년 4월 24일
발행일 2023년 5월 1일

지은이 강현숙 차봉숙
펴낸이 유경민 노종한
책임편집 김세민
기획편집 유노책주 김세민 **유노북스** 이현정 함초원 **유노라이프** 박지혜 장보연
기획마케팅 1팀 우현권 **2팀** 정세림 유현재 정혜윤 김승혜
디자인 남다희 홍진기
기획관리 차은영
펴낸곳 유노콘텐츠그룹 주식회사
법인등록번호 110111-8138128
주소 서울시 마포구 월드컵로20길 5, 4층
전화 02-323-7763 **팩스** 02-323-7764 **이메일** info@uknowbooks.com

ISBN 979-11-92300-60-3 (03180)